Passau

von A bis Z

D1719883

Impressum

Herausgeber:
Donau-Wald-Presse-GmbH, Geschäftsführer Reiner Fürst
Medienstraße 5, 94036 Passau, Telefon: 0851/802-237, Fax: 0851/802-772
E-Mail: dwp.sekretariat@vgp.de

Texte: PNP-Lokalredaktion Passau

Mitarbeit: Korbinian Bauer, Franz Danninger, Sandra Hatz, Josef Heisl, Jörg Klotzek, Wolfgang Lampelsdorfer, Barbara Osdarty, Christine Pierach, Thomas Seider, Sabine Süß, Elke Zanner

Fotos: Daniel Fischer, Robert Geisler, Thomas Jäger, Barbara Osdarty, Christine Pierach, Franz Seidl, Michael Witte, Wolfgang Kainberger

Druck: Passavia Druck, Passau

Gestaltung und Layout: Gabriele Schweizer, Donau-Wald-Presse-GmbH

Erscheinung: Februar 2011, Zahlen Stand 2010

Preis: 3,90 €

ISBN 978-3-940782-06-9

Vorwort

Passau von A bis Z hat sich die Lokalredaktion der Passauer Neuen Presse 2010 im Sommer vorgenommen und jedem Buchstaben des Alphabets eine Seite gewidmet. Die vielen positiven Reaktionen haben uns ermutigt, diese in einem Büchlein zusammenzufassen, erweitert um zahlreiche Neueinträge und vor allem um viele Stadtansichten der beiden PNP-Fotografen Thomas Jäger und Robert Geisler. Sie wollen einladen, diese herrliche Stadt auch als Einheimischer wieder einmal neu für sich zu entdecken, wieder einmal einen Blick von oben herab, von der martialischen Veste Oberhaus oder dem idyllischen Mariahilfberg zu genießen: grüne Hügel, Wasser, ein Mosaik von Dächern und Gassen. Und dann einzutauchen in die dunklen, verschachtelten Häuserschluchten oder am Residenzplatz in der Erinnerung an höfischen Glanz und barocke Lebensfreude zu schwelgen. Heute ist Passau eine moderne und lebendige Stadt, wirtschaftlicher und wissenschaftlicher Mittelpunkt der Region, die sich ihrer reichen Geschichte bewusst ist. Die folgende Sammlung verdankt viel dem langjährigen PNP-Lokalchef H.P. Heller, der vor Jahrzehnten schon einmal ein Passau-Abc zusammengestellt hat, aber auch den verdienstvollen Forschungen von Herbert Schindler, Franz Mader und vielen mehr. Mit Rat und Tat geholfen haben auch Stadtarchivar und Heimatpfleger Richard Schaffner und Universitätsarchivar Mario Puhane. Entstanden ist so ein kleines Passau-Kompendium, das in der gebotenen Kürze keinen Anspruch auf Vollständigkeit erheben, sondern die bunte Vielfalt dieser Stadt in kleinen, manchmal auch sehr subjektiven Randnotizen nur anreißen kann.

Wolfgang Lampelsdorfer

Rundgang durch die Stadt

Ein Stadtrundgang durch Passau beginnt am besten am Rathausplatz. Dort befindet sich auch die Tourist-Info im Neuen Rathaus, wo es viele Informationen rund um die Drei-flüssestadt, Karten und natürlich auch Kontakte zu den Stadtführern gibt. Das Rathaus stammt aus dem Jahr 1298, es entstand aus sieben Patrizierhäusern am Platz des einsti-gen Fischmarkts. 1892 wurde das Gebäude mit dem neugotischen Rathausturm gekrönt. Am Rathausturm zeigen Wasserstandsmarken das Datum und die Höhe von Rekord-hochwassern, die die Stadt immer wieder heimsuchten. Das Alte Rathaus ist nicht nur von außen schön anzusehen: Prachtvoll ausgestattet sind der Große und der Kleine

Rathaussaal, die als Empfangs- und Konzertsaal bzw. für Stadtratssitzungen und Hochzeiten genutzt werden. Große Gemälde an den Wänden der Rathaussäle zeigen wichtige Ereignisse der Stadtgeschichte Passaus sowie eine Episode aus dem Nibelungenlied. Gegenüber dem Rathaus bildet das Hotel „Wilder Mann" die nächste Station des Stadtrundgangs. Dieses Haus war ab 1255 Unterkunft des Stadtrichters, seit 1672 wird es als Hotel genutzt – in dem auch Kaiserin Elisabeth von Österreich in den Jahren 1862 und 1878 bereits abgestiegen ist. Untergebracht ist dort auch das Glasmuseum, das über 30.000 Gläser aus Bayern, Österreich, Schlesien und Böhmen von 1700 bis 1950 zeigt.

Ausgangspunkt der meisten Stadttouren: das Alte Rathaus mit seinem neugotischen Turm.

Die gegenüberliegende Donauseite beherrscht die Veste Oberhaus, die zum Beispiel über die Hängebrücke und anschließend den Ludwig- oder den Gampertsteig zu erreichen ist. Der Aufstieg ist etwas anstrengend, aber der Mühe wert: Denn von Oberhaus aus bietet sich ein wunderschöner Blick auf Passaus Altstadt und den Zusammenfluss von Donau, Ilz und Inn am Dreiflusseck, auch Ortspitze genannt. Natürlich ist auch das Oberhaus selbst einen Besuch wert: Hier sind das historische Stadtmuseum untergebracht, eine Jugendherberge und die Sternwarte.

Wer den Zusammenfluss der drei Flüsse von oben genügend bewundert hat, kann sich wieder auf den Weg nach unten machen. Der Weg an der Donaulände entlang führt zur Ortspitze. Hier, am Dreiflusseck, ist die einzige Stelle weltweit, an der drei Flüsse aus drei Himmelsrichtungen ineinander und gemeinsam in die vierte Himmelsrichtung weiterfließen: Die schwarze Ilz kommt aus Norden, aus dem Bayerischen Wald, die blaue Donau von Westen, der grüne Inn aus dem Süden – gemeinsam fließen sie weiter in Richtung Osten.

Von der Ortspitze aus geht es den Inn entlang weiter zum Schaiblingsturm. Dieser wurde um 1250 als Bollwerk errichtet, um die Passauer vor Angriffen zu schützen. Zudem sollte der Turm die Schiffe, die am Innufer anlegten, um Handelsgüter zu liefern, vor der Strömung des Inns schützen. Heute wird der Turm gelegentlich für schulische Veranstaltungen genutzt, für Studenten ist er an sonnigen Tagen ein beliebter Treffpunkt.

Nun geht es wieder hinein in die Altstadt, zum Kloster Niedernburg. In diesem im Jahr 740 gegründeten Kloster befindet sich das Grab der heiligen Gisela, einer früheren Ungarnkönigin. Der Gebäudekomplex beherbergt zudem ein Mädchengymnasium sowie eine Mädchenrealschule, die in der Tradition der Maria-Ward-Schwestern betrieben werden.

An der ehemaligen Jesuitenkirche St. Michael vorbei geht es zum Residenzplatz, der als schönster Platz nördlich der Alpen gilt. Er war früher der zentrale Markt der Stadt, den die Passauer Bischöfe zu einer südländischen Piazza ausgebaut haben. Seit 1903 befindet sich auf diesem Platz der Wittelsbacher Brunnen, der an die damalige 100-jährige bayerische Herrschaft erinnern soll. Die Neue Residenz der Bischöfe bauten die italienischen Architekten Antonio Beduzzi und Dominikus Angeli von 1707 bis 1730. In ihrem Inneren ist das schönste Rokoko-Stiegenhaus Südbayerns zu bewundern, das Johann Baptist Modler und Johann Georg Unruh ausgestattet haben.

Hinter dem Residenzplatz liegt Passaus größtes Wahrzeichen: der Dom St. Stephan. Bereits um das Jahr 450 ist eine Kirche in der spätantiken Stadt bezeugt. Die Bischofskirche wird urkundlich erstmals 730 erwähnt und ist seit 739 Kathedrale der Diözese. Der Stadtbrand von 1662 hat von den ersten vier Bauperioden kaum sichtbare Spuren hinterlassen – erhalten blieb im Außenbau der spätgotische Ostteil. Mit dem barocken Wiederaufbau unter Einbeziehung der verbliebenen gotischen Teile wurde der italienische Meister Carlo Lurago beauftragt. Die gesamte Innenausstattung mit ihrem üppigen Stuckwerk und den Altaraufbauten des italienischen Hochbarocks war Giovanni Battista Carlone übertragen worden. Die Fresken schuf Carpoforo Tencalla. Es entstand der größte barocke Kircheninnenraum nördlich der Alpen und die bedeutendste Barockkirche italienischer Prägung auf deutschem Boden. Besonders bekannt ist der Dom für seine Orgel: Sie gilt als die größte Domorgel der Welt mit 17.974 Pfeifen und 233 Registern, die im Gotteshaus auf fünf Orgelwerke verteilt sind. Ein Tipp des Stadtführers: Jeden Tag um die Mittagszeit wird ein Orgelkonzert gegeben, das auf jeden Fall hörenswert ist. Was wäre Passau ohne seinen Dom und was wäre Passau ohne den Domplatz? Der wird vom Dom und dem Lambergpalais umschlossen und bildet den Marktplatz, auf dem Dienstag und Freitag der Wochenmarkt abgehalten wird. Außer im Winter: Dann bildet der Platz im Schatten des Stephansdoms die Kulisse für den Passauer Christkindlmarkt, der neben Ständen mit allerlei Weihnachtlichem vor allem ein wunderschönes, stimmungsvolles Ambiente zu bieten hat.

Eine Stadtführung lebt nicht nur von geschichtsträchtigen Gebäuden und schönen Ansichten. Deshalb geht es vom Domplatz aus zur Fußgängerzone. Großzügig angelegt, ist sie täglich Treffpunkt für Studenten und Schüler, Familien und Touristengruppen. Viele Geschäfte, Eisdielen und Restaurants laden hier zum Bummeln ein – und natürlich gibt es auch viele Bücher über Passaus Geschichte zu kaufen.

Wer nach dem Spaziergang durch die Fußgängerzone noch Lust auf eine weitere Stadterkundung hat, der kann die Theresienstraße hinunter bis zum Inn verfolgen. An der Innpromenade entlang sorgt die Stadtgärtnerei jedes Jahr für wunderschöne Bepflanzung, der Blick auf das gegenüberliegende Innufer ist beeindruckend. Über den Fünferlsteg, ein Stück innaufwärts gelegen, geht es hinüber in die Innstadt. Durch das Severinstor führt die Stadtführung weiter zum Museum Boiotro: Dort wird eindrucksvoll die römische Vergangenheit Passaus gezeigt – auf dem Gelände des früheren Kastells, dessen Grundmauern im Freigelände noch zu erkennen sind.

Mariahilf bildet die letzte Station auf unserem Rundgang durch die Stadt Passau. Eine lange Gebetsstiege mit 321 Stufen führt hinauf zur Wallfahrtskirche, die bis heute von vielen Wallfahrern regelmäßig aufgesucht wird. Die Kirche stammt aus dem 17. Jahrhundert. Der Hauptaltar ist absolut sehenswert: In seiner Mitte hängt eine Kopie des Bilds „Maria mit dem Jesuskind", das Lukas Cranach der Ältere gemalt hat. Der Altar ist mit Gold- und Silberornamenten verziert. Wer die Mariahilf-Kirche wieder verlässt, dem bietet sich ein unvergleichlicher Blick auf die Inn-, Ilz- und Altstadt und das Oberhaus.

Agentur für Arbeit

Als eine der Dienststellen der Bundesagentur für Arbeit nimmt die Agentur für Arbeit Passau (früher: Arbeitsamt) viele verschiedene Aufgaben wahr: Berufsberatung von Jugendlichen, Studienanfängern und Hochschulabsolventen, Vermittlung von Ausbildungs- und Arbeitsstellen, Arbeitgeberberatung, Zahlung von Arbeitslosen- und Kindergeld, Gewährleisten von Informationen über den Arbeits- und Ausbildungsmarkt. Neben der Hauptagentur in der Innstraße gehören auch die Geschäftsstellen Pocking, Vilshofen und Waldkirchen sowie die Außenstelle Grafenau zur Agentur für Arbeit Passau. 350 Mitarbeiter erledigten 2010 die Kernaufgaben.

Akita

Die Hafenstadt ist Verwaltungssitz der gleichnamigen Präfektur auf Honshu, der Hauptinsel von Japan. Seit 1984 besteht eine Städtepartnerschaft, die von der Deutsch-Japanischen Gesellschaft gepflegt wird.

AOK – Allgemeine Ortskrankenkasse

Die AOK-Direktion Passau hat ihre Zentrale in der Neuburger Straße: 221 Mitarbeiter verantworten ein Haushaltsvolumen von 250 Millionen Euro jährlich und betreuen von hier aus 7.500 Arbeitgeber in der Region und 1.350 Vertragspartner – immerhin fast die Hälfte der Einwohner der Stadt ist über die AOK versichert.

Archive

Das Archiv der Stadt im Rathaus, das des Bistums in der Luragogasse und das Universitätsarchiv sind die wichtigsten. Der größte Schatz des Stadtarchivs: Die Goldene Bulle mit Siegelstrang von 1345. Diese Urkunde von Kaiser Ludwig dem Bayern bestätigt den Passauern Rechte.

Aschermittwoch

Die Tradition des politischen Aschermittwochs ist untrennbar mit Passau verbunden. Sie begann im 16. Jahrhundert mit Viehmärkten in Vilshofen, wo erstmals 1888 auch politische Kundgebungen stattfanden. Nach dem Zweiten Weltkrieg verhalfen zunächst die Bayernpartei und später die CSU der Veranstaltung zu immer mehr Prominenz. Seit 1975 fand der Politische Aschermittwoch mit Franz Josef Strauß in der Passauer Nibelungenhalle statt, seit 2004 treten die Redner in der Dreiländerhalle auf.

Auersperg, Joseph Franz Anton Kardinal Graf von

Als Sohn eines kaiserlichen Geheimrats am 31. Januar 1734 in Wien geboren, wurde er 1783 zum Bischof gewählt. Durch die Neuordnung des Schul-, Finanz- und Justizwesens erwarb er sich große Verdienste. In seiner Amtszeit wurden die Redoute und das Theater gebaut, ebenso das Sommerschloss Freudenhain mit seiner großen Parkanlage. Am 21. August 1795 starb er in dem von ihm angelegten Holländerdörfchen Plantage bei Hacklberg.

Aussichtspunkte

Am schönsten lässt sich Passau von oben entdecken. Der Zusammenfluss von Donau, Inn und Ilz lässt sich von der Veste Oberhaus am besten überblicken. Der Aussichtspunkt außerhalb der Burgmauern befindet sich direkt neben dem Thingplatz. Von hier aus richtet sich der Blick auf die drei Flüsse – die blaue Donau, den grünen Inn und die schwarze Ilz, die direkt unterhalb des Aussichtspunkts ineinanderfließen. Vom Aussichtsturm der Burg aus geht der Blick noch etwas weiter: auf den Donaustrom und den Bayerischen Wald. In der „Batterie Linde", die durch den äußeren und inneren Burghof zu erreichen ist, steht man direkt über der Wasserburg Niederhaus. Die Wehrgräben, die Ilzstadt und das Häusergewirr der Altstadt geben Einblick in die Geschichte Passaus. In der Ilzstadt bietet der Friedhof vor der Bartholomäuskirche die beste Aussicht auf Passau. Wer gut zu Fuß ist, sollte weitergehen zum Klosterberg und zum Jagdhof. Alle paar Meter bieten sich neue wunderbare Bilder von Ober- und Niederhaus, dem Dom

Die Stadt zu Füßen: der Ausblick von Mariahilf.

und der Ortspitze. Anstrengend, aber in jedem Fall auch lohnend sind Spaziergänge auf den Georgsberg, vom Anger oder von der Rieser Straße weg. Ein gutes Stadtpanorama präsentiert sich vom linken Donauufer aus besonders in der ersten Kurve der Rieser Straße: Diese S-Kurve trägt auch den Namen „Schönblickkurve". Ein dank Lift sehr bequem erreichbarer Rundumblick bietet sich vom Café im Stadtturm am Nibelungenplatz. Die farbenprächtigen Häuser am Inn lassen sich am besten von der Innbrücke oder vom Kloster Mariahilf bewundern, aber auch der Hammerberg oder der Kühberg haben schöne Aussichten zu bieten. Um die Schönheit der Stadt Passau von allen Seiten zu genießen, empfiehlt sich auch eine Dreiflüsserundfahrt mit dem Schiff. Dabei zeigt sich Passau beeindruckend als „schwimmende Stadt".

Autobahn

Die A3 läuft auf einer Länge von rund acht Kilometern über Passauer Stadtgebiet. 1979 wurde der Verkehr im Bereich Passau freigegeben. Die Brücke über den Dächern von Schalding wurde von 1969 bis 1973 errichtet. Nach den Ergebnissen der letzten amtlichen Straßenverkehrszählung im Jahr 2005 lag die durchschnittliche tägliche Verkehrsbelastung im Bereich Passau zwischen 27.700 und 31.700 Kraftfahrzeugen in der Stunde.

12

Abtauchen: Das Ganzjahresbad peb sorgt für Erfrischung.

Baden

Badeplätze sind trotz der drei Flüsse in Passau eher rar. Bademöglichkeiten bietet noch am ehesten die Ilz an der Oberilzmühle. Am Stausee Hals herrscht Badeverbot und auch die Erfrischung im Inn zwischen Universität und Ingling ist nicht empfehlenswert: Die Strömung und die Wassertemperatur machen ein Bad nicht ungefährlich. Doch die Stadt hat einen Ausgleich geschaffen: 1999 wurde das peb, das Passauer Erlebnisbad, eröffnet. Es ersetzte die Freibäder Bschütt und Neustift. Zum Freibad gehören Wellenbecken, Erlebnisbecken und eine Riesenrutsche – die Kosten betrugen rund 19 Millionen Euro. Für das Hallenbad wurden nochmals 20 Millionen Euro investiert. Als Ganzjahresbad ist das peb seit 2005 in Betrieb. Nacktbader haben in Oberilzmühle ein Eldorado für sich entdeckt. Am linken Ilzufer stört sich keiner an Badenden, die oben ohne am Strand liegen.

Bis 1971 war das anders: Da war es den Passauerinnen noch verboten, einen Bikini zu tragen. In der Bschütt-Badeordnung hieß es: „Weibliche Badegäste dürfen die Schwimmbecken grundsätzlich nur mit Bademütze benützen, das Tragen der sogenannten Bikini-Badeanzüge ist verboten."

14

Ab nach München: Am Passauer Hauptbahnhof ist immer was los.

Bahn

Der Passauer Hauptbahnhof hatte früher vor allem als Grenzbahnhof Bedeutung. Die Strecke in Richtung Regensburg wurde 1860 in Betrieb genommen, die Strecke nach Österreich 1861. Die Verbindung zur Landeshauptstadt über Plattling – Landshut wurde 1880 hergestellt. Seit 1888 führt ein Gleis über Pocking ins Rottal. Den Hauptbahnhof teilt sich die Deutsche Bahn mit den Kollegen in Österreich. 2001 wurde die Schalterhalle vollkommen neu gestaltet, auf den acht Passagiergleisen kommen täglich 77 Züge an. Doch wie überall ist die Bedeutung der Bahn als Wirtschaftsfaktor in Passau zurückgegangen. Die Verwaltung befindet sich in Regensburg. Ein Großteil der Fläche im Bahnhofsviertel – 5.200 Quadratmeter – ist vermietet, viele andere Liegenschaften wurden verkauft. Das betrifft auch die früheren Bahnhöfe: So ist etwa von dem einstmals wichtigen Bahnhof in der Innstadt nichts mehr übrig geblieben. Er befand sich gegenüber dem Schaiblingsturm. Passagiere stiegen vom Bahnsteig in die Fähre um, die sie in die Altstadt brachte. Weitere Bahnhöfe gab es in Auerbach bei der Stelzhamer Unterführung, in Heining und in Grubweg–Lindau. Noch als Bahnhof erkennbar, aber privat verkauft sind die Bahnhöfe in Rosenau, in Schalding rechts der Donau und in Neustift.

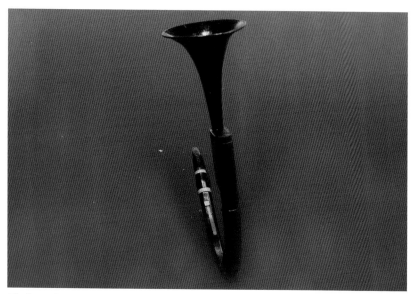

Ein Exemplar des Bassetthorns ist im Oberhausmuseum zu sehen.

Bassetthorn

Das sogenannte Passauer Horn wurde durch die Passauer Hofmusiker Anton und Michael Mayrhofer um 1760 erfunden, erfreute sich bald großer Beliebtheit und wurde oft nachgebaut. Das Horn hat sieben Messingklappen, auf der Rückseite ein offenes, auf der oberen Seite sechs offene Löcher. Durch die Krümmung des Rohrs und das eingebaute Kästchen wird die Gesamtlänge des Instruments von 125 auf 99 Zentimeter verringert und das Instrument somit leichter spielbar. Die runde Form wurde im Zuge mehrerer Weiterentwicklungen später aufgegeben; im 19. Jahrhundert begann sich eine gestreckte, gerade Bauform durchzusetzen. Vor allem Mozart liebte das Instrument mit seinem eigentümlich dunklen und sanften Klang, er schrieb Trios für das Bassetthorn und verwendete es in seinem „Requiem"; in der Zauberflöte ist es mit Sarastro und seinen Priestern assoziiert. Später setzten unter anderem Felix Mendelssohn Bartholdy und Richard Strauss das Instrument in ihren Werken ein. Ein Exemplar des „Passauer Horns" ist seit 1968 im Oberhausmuseum zu sehen.

Rest der alten Stadtbefestigung: der Zwinger in der Innstadt.

Befestigungen

Gut erhalten ist die Stadtbefestigung in der Innstadt. Die doppelte Befestigungsmauer im Südwesten wurde Anfang des 15. Jahrhunderts errichtet. Viereckige und halbrunde Türme krönten die Mauer, etwa das 1414 erbaute Severinstor. Im Stadtgebiet ist zudem der Schaiblingsturm am Inn als sichtbarer Rest der Altstadtbefestigung erhalten. Eine Stadtmauer zieht sich auf der Südseite des Dombergs entlang der Grabengasse bis zur St.-Pauls-Kirche. Auch zwischen Altstadt und dem Kloster St. Nikola gab es eine Mauer, zu dem ein von zwei Löwen flankiertes Tor auf dem Ludwigsplatz gehörte. Alte Wehrmauern prägen auch den Georgsberg. Immer wieder war die Veste Oberhaus während des Mittelalters von Feinden bedroht, immer blieben die Verteidiger siegreich. Trutzig wirken die Batterien „Katz" und „Maus", die als Befestigungen im Zuge der Türkenkriege ausgebaut wurden. Die Batterie „Linde", Bastion zwischen Ober- und Niederhaus, bietet eine der schönsten Aussichten auf die Stadt. Napoleon Bonaparte nutzte die Veste als Grenzbefestigung gegen Österreich, er ließ die Anlagen noch einmal ertüchtigen und inspizierte höchstpersönlich den Ausbau. Ab 1822 diente die Burg als Militärstrafanstalt und Staatsgefängnis für politische Gefangene, so war bis 1918 die Veste unter dem Beinamen „Bastille Bayerns" gefürchtet.

Bier und Brauereien

Passau ist eine Stadt des Biers. Fünf Brauereien gab es bis 2008, in diesem Jahr stellte die Brauerei Peschl ihre Produktion ein. Dabei war der Familienbetrieb die Brauerei mit der längsten Geschichte: Bis ins Jahr 1259 reichte die Peschl-Brautradition zurück. 1318 wurde die Innstadt-Brauerei gegründet. Die Braustätte zählt nach eigenen Angaben zu den hundert ältesten deutschen Unternehmen überhaupt. Die Innstadt-Brauerei beschäftigt rund 50 Mitarbeiter und erzeugt und verteilt etwa 100.000 Hektoliter Getränke im Jahr. Eine der größten Brauereien in Niederbayern ist die Brauerei Hacklberg, die 1618 im gleichnamigen Stadtteil Passaus gegründet wurde. 120 Mitarbeiter werden in Passau sowie in der Außenstelle Hutthurm beschäftigt. Nach eigenen Angaben produziert die Brauerei jährlich über 300.000 Hektoliter Getränke. 1874 erwarb Franz Stockbauer die Brauerei von Franz Xaver Wieninger in der Bräugasse, 1894 errichtete er oberhalb des Kleinen Exerzierplatzes die Löwenbrauerei. 72 Mitarbeiter sind hier beschäftigt, pro Jahr werden etwa 100.000 Hektoliter Bier produziert. Und dann gibt es da noch Passaus kleinste Brauerei, den Andorfer auf der Ries. Dort wird Weißbier produziert.

Bistum

Das Bistum wurde schon vor 739 von Bonifatius gegründet. Weit hinab nach Ungarn strahlte die Passauer Kirche aus und durfte sich einst mit 42.000 Quadratkilometern als das flächenmäßig größte Bistum des Heiligen Römischen Reichs Deutscher Nation fühlen. Schließlich entstanden die Bistümer Wien und Wiener Neustadt, Linz und St. Pölten. Das Bistum Passau verlor sechs Siebtel seines früheren Besitzes. Die Säkularisation beendete 1803 die weltliche Herrschaft der Passauer Bischöfe. Durch eine schwere Zeit, von 1936 bis 1968, führte Bischof Simon Konrad Landersdorfer das Bistum. Mit seinem Nachfolger Dr. Antonius Hofmann kam seit längerem wieder ein Passauer Diözesanpriester auf den Bischofsstuhl. 1984 übergab Bischof Hofmann das Bistum an den damaligen Bischofskoadjutor Dr. Franz Xaver Eder. Bischof Wilhelm Schraml wurde 2001 zum 84. Bischof von Passau ernannt und übernahm im Februar 2002 das Amt. Die Patrone des Bistums sind Valentin, Maximilian und Bruder Konrad von Parzham. Heute umfasst das Bistum eine Fläche von 5.442 Quadratkilometern, mit 495.000 Katholiken in mehr als 300 Pfarreien, 199 aktiven Geistlichen und 131 im Ruhestand.

Böhmerwaldmuseum

Die im Oberhausmuseum beheimatete Sammlung erinnert an Geschichte und Kultur des Böhmerwalds, aber auch an Vertreibung und Aussiedlung der deutschen Bevölkerung als Folge des Zweiten Weltkriegs.

Boiodurum und Boiotro

Für die Römer war Passau verkehrsgeographisch und militärisch wichtig. Der Inn bildete die Grenze zwischen den Provinzen Norikum im Osten und Rätien im Westen. Das Kastell Boiodurum errichteten sie anstelle einer Keltensiedlung um 80 nach Christus an der heutigen Kapuzinerstraße. Ab 280 n. Chr. diente weiter innaufwärts das Boiotro als Stützpunkt. Die Mauern wurden 1974 beim ursprünglich an dieser Stelle geplanten Kindergarten zwischen Jahnstraße und Lederergasse entdeckt. Auf den Ruinen entstand nach aufwendigen Grabungen das Römermuseum, das heute ausführlich über Funde und die Siedlungsgeschichte der Stadt informiert. Der Name Boiotro geht aus der Lebensbeschreibung des Heiligen Severin hervor, der im späten 5. Jahrhundert in den Ruinen des Kastells ein kleines Kloster gründete.

Brücken

Hauptverkehrsader ist die 1970 fertig gestellte Schanzlbrücke, die direkt in Passaus Mitte führt und die zu klein gewordene Maxbrücke ersetzte.
Die Hängebrücke heißt offiziell Prinzregent-Luitpold-Brücke und wurde 1911 erbaut, im Krieg gesprengt und später wiedererrichtet. Die Autobahnbrücke in Schalding entstand 1973, die Franz-Josef-Strauß-Brücke zwischen Maierhof und Auerbach 1989.
Über den Inn wurde 1143 eine Holzbrücke gebaut. An ihrer Stelle steht heute die Marienbrücke. Der so genannte Fünferlsteg (auch Innsteg oder Hindenburgsteg) ist Fußgängern vorbehalten. Er wurde 1916 von einer Aktiengesellschaft errichtet.
Bis 1975 mussten Passanten eine Maut bezahlen. Über die Ilz führte ursprünglich nur ein Steg. Erst als 1762 der Oberhauser Berg durchbrochen wurde, baute man auch hier eine Brücke. Heute führt je eine zweispurige Brücke stadtaus- und stadteinwärts.

Die Hängebrücke heißt offiziell Prinzregent-Luitpold-Brücke.

Eisenbahnbrücken gibt es in Passau drei: die Kräutlsteinbrücke und die Steinbach-
bzw. Kachletbrücke waren einst die wichtigsten Verbindungen über die Donau in Richtung Bayerischer Wald. Die Brücke, die bei der Universität über den Inn führt, sie heißt
Kaiserin-Elisabeth-Brücke, wird täglich von vielen Zügen überquert, die von Passau nach
Österreich fahren. Sie wurde 1859 erbaut, nach der Sprengung im Krieg wieder erneuert
und steht unter Denkmalschutz.

Budweis

Die mit 95.000 Einwohnern größte Stadt Südböhmens, ebenfalls Universitätsstadt und
Sitz eines Bistums, ist seit 1993 Passauer Partnerstadt. Die Stadt, Touristen-, Handels-
und Kulturzentrum Südböhmens, ist weltweit durch ihre Brauereien bekannt: „Budvar"
ist heute der größte Bierexporteur der Tschechischen Republik. Frühe Handelsbeziehun-
gen zwischen Budweis und Passau lassen sich in einer Urkunde aus dem Jahre 1463
belegen. Schulpartnerschaften, Jugendaustausch sowie die Zusammenarbeit von Universitäten und Sportverbänden beleben die Partnerschaft.

Die Cagnes-sur-Mer-Promenade in der Neuen Mitte ist nach der Partnerstadt benannt.

Cagnes-sur-Mer

Cagnes-sur-Mer liegt zwischen den Städten Nizza und Cannes an der Côte d' Azur in einem Hügelland mit Oliven-, Orangen- und Zitronenbäumen. Gut 43.000 Einwohner leben in der südfranzösischen Stadt, mit der Passau seit 1973 eine Partnerschaft pflegt. Deren Motor ist die Deutsch-Französische Gesellschaft.

Camping

Campern bietet Passau einen der idyllischsten Flecken der Stadt. Beim Kanuclub des TV Passau gibt es 100 bis 150 Plätze – allerdings nur für Zelte. Mit dem Wohnwagen oder -mobil ist er wegen der schmalen Zufahrtsstraße nicht zu erreichen. Doch in den Reiseführern für Radfahrer ist der Platz an der Ilz aufgeführt, der zwar zentral, aber doch ruhig gelegen ist. Reisenden, die mit schwereren Fahrzeugen unterwegs sind, bietet Passau einen Parkplatz beim Winterhafen. Wer es komfortabler haben will, der weicht nach Irring in der Gemeinde Tiefenbach aus, wo 180 Wohnwagen und 80 Zelte Platz haben.

Card

Die PassauCard richtet sich an Urlauber, aber auch an Einheimische, und bietet viele Rabatte für Passaus schönste Sehenswürdigkeiten. Die 24-Stunden-Karte zum Beispiel kostet 15 Euro. Mit ihr gibt es eine kostenlose Dreiflüsse-Schiffrundfahrt, Museumsbesuche und Ermäßigungen unter anderem im Erlebnisbad. Stadtbusse wie auch der Pendelbus zum Oberhausmuseum sind ebenfalls inklusive. 150 Anbieter in der Region gehören zu den Partnern der PassauCard – aus dem bayerischen Thermenland, dem Bayerischen Wald, dem Inn- und Mühlviertel in Oberösterreich und aus Südböhmen. Das Paket ist je nach Bedarf von 24 Stunden bis zu drei Wochen gültig und sichert freien Eintritt in viele Einrichtungen sowie zusätzliche Rabatte in vielen Geschäften.

Carlone

Künstlerfamilie aus dem oberitalienischen Intelvital zwischen Luganer und Comer See. Carlo Antonio Carlone (um 1635–1708) werden die Jesuitenkirche und das Kloster St. Nikola zugeschrieben, sein Bruder Giovanni Battista Carlone (um 1640 bis um 1720) schuf den Stuck in der Jesuitenkirche, dem Dom, dem Fürstenbau in Hacklberg sowie der Alten Residenz.

Carossa, Hans

Der Arzt und Dichter (1878–1956) hat als Lyriker und Erzähler internationalen Ruf erlangt. Er wurde mit hohen Preisen, unter anderem dem Goethepreis der Stadt Frankfurt ausgezeichnet, 1948 wurde er Ehrenbürger der Stadt. Sein Grab ist im Friedhof Heining, die Volksschule und eine Straße in Heining tragen seinen Namen.

Castra Batava

Nach den Zerstörungen bei den Alamanneneinfällen um 240 n.Chr. errichteten die Römer zwischen Inn und Donau ein spätantikes Kastell mit dem mehrfach überlieferten Namen Batavis, von dem sich der Name der Stadt ableitet: Batava = Passavia = Passau.

Stimmungsvoll besonders am Abend: der Christkindlmarkt am Domplatz.

Christkindlmarkt

Der zuvor in der Nibelungenhalle beheimatete Christkindlmarkt findet seit 2004 in den vier Adventwochen auf dem Domplatz statt und hat sich zu einem Magneten für Touristen entwickelt. Etwa 60 Verkaufsstände bieten Handwerk, Kunst, Geschenkartikel und jede Menge Köstlichkeiten – vor der herrlichen Kulisse des barocken Doms.

Citymarketing

Chancen erkennen und ergreifen – darum bemüht sich seit 2003 das City Marketing Passau, ein als Verein geführter Handelsverband mit derzeit rund 210 Mitgliedsbetrieben. Vorläufer war das 1996 ins Leben gerufene Wirtschaftsforum. Überregional für Beachtung sorgen der alle zwei Jahre stattfindende Red-Bag-Day und das jährliche Mitternachtsshopping. Darüber hinaus kümmert sich das „CMP" um Standortstudien, gibt Einkaufsführer heraus, erfasst Leerstände in der Innenstadt und kümmert sich um die Vermittlung von Werbeflächen.

Das Passau-Buch

In allen Geschäftsstellen der PASSAUER NEUEN PRESSE erhältlich!

Barocke Pracht – der St. Stephan gewidmete Dom.

Dom

Der Passauer Dom wird urkundlich erstmals 730 erwähnt. Er entstand aus einer ursprünglich agilolfingischen Bischofskirche um 720; der frühgotische Dom wurde zwischen 1280 und 1325 erbaut, es folgten der spätgotische Ostteil (1407–1560) und der barocke „Neubau", der nach dem Brand von 1662 in Angriff genommen wurde. Fürstbischof Wenzeslaus Graf Thun holte dazu den italienischen Meister Carlo Lurago nach Passau (1668–1693). Die prächtige Innenausstattung schuf Giovanni Battista Carlone, die Fresken Carpoforo Tencalla und Antonio Bussi. Tausende von Engeln schauen auf die Besucher herab. Es gibt weinende, feixende und freche – jeder ist ein Unikat. Die vergoldete Kanzel schuf 1726 der Wiener Hoftischler Johann Georg Series. Der moderne Hochaltar, der die Steinigung des Kirchenpatrons Stephanus darstellt, wurde 1952 von dem Münchener Bildhauer Professor Josef Henselmann geschaffen. Von ihm stammt auch der 1961 errichtete Volksaltar. Zuletzt renoviert wurde der Innenraum des Doms von 1972 bis 1980. Die Türme, das Kirchenschiff und die Fassaden werden seit 1928 von der staatlichen Dombauhütte renoviert. Die Andreaskapelle datieren Historiker auf die Zeit um 1300, sie ist damit eine der ältesten Hallenkirchen in Bayern.

Weihnacht im Dom: Ein mächtiger Christbaum schmückt den Kirchenraum.

Domplatz

Der Domplatz wird geprägt von der barocken Fassade und den mächtigen Türmen des Stephansdoms. Die stattlichen Häuser gehörten bis zur Säkularisation den Domherren. Eines der prächtigsten Gebäude ist das Lambergpalais, das dem Dom gegenüberliegt. Hier wurde 1552 der „Passauer Religionsfrieden" geschlossen, seine spätbarocke Fassade erhielt das Haus 1724. Seit einer Renovierung 2008 befinden sich hier moderne Büros des Bischöflichen Ordinariats. An der Zufahrt zum Domplatz steht das Seminar St. Max und gegenüber das moderne Landratsamt. Das Denkmal von König Maximilian Joseph I. in der Mitte wurde 1824 zur Feier dessen 25-jähriger Regierung errichtet. Auf dem Domplatz finden Wochenmärkte und im Advent der Christkindlmarkt statt.

Donau

Die Donau ist mit 2.888 Kilometern Länge nach der Wolga der längste Strom in Europa. Durch sie ist die Europastadt Passau über die Jahrhunderte eng verbunden mit verschiedenen Regionen Deutschlands und neun weiteren Staaten: Österreich, Slowakei, Ungarn, Kroatien, Serbien, Bulgarien, Moldawien, Ukraine und Rumänien. Als Lebensader im Herzen Europas vereint sie diese Völker und Kulturen auf ihrem langen Weg von West nach Ost. Nur die Zeit des „Eisernen Vorhangs" und die Jugoslawien-Kriege ab 1991 haben die

Frachter und Kreuzfahrtschiffe teilen sich den Verkehrsweg Donau.

historische Verbindung einige Jahre unterbrochen. Die Donau ist von jeher Handelsweg und hat heute als Reiseroute der Kreuzfahrtschiffe und der Radfahrer eine wesentliche touristische Bedeutung für Passau. In Deutschland ist die Donau erst ab Kelheim mit größeren Schiffen befahrbar, über eine Gesamtstrecke von 2.415 Kilometern bis zur Mündung. Von hier bis zum Schwarzen Meer gibt es insgesamt 20 Schleusen. Die Donau ist mit dem Main-Donau-Kanal, der bei Kelheim in die Donau mündet, von der Nordsee über den Rhein und den Main bis ins Schwarze Meer auch eine internationale Wasserstraße.

Dreiflüssestadion

Passaus größte Sportstätte bietet 20.000 Zuschauern Platz. Sie wurde 1969 errichtet und 1972 olympisch genutzt, als Austragungsort der Vor- und Zwischenrunden-Spiele des Fußballturniers. Hausherr des Stadions ist der 1. FC Passau.

Dreiflusseck

An der so genannten Ortspitze in der Altstadt fließen Donau, Inn und Ilz zusammen. Die immer schmaler werdende Landzunge, um 1900 künstlich vergrößert, endet im Zusammenfluss der drei Flüsse, die Passau den Namen „Dreiflüssestadt" gegeben haben.

Ilz, Donau und Inn, jeder Fluss mit seiner charakteristischen Farbe, vereinigen sich.

Die Dreiländerhalle ist Herzstück des Messeparks.

Dreiländerhalle

Sie wurde 2004 als Nachfolger der Nibelungenhalle fertiggestellt. Die Halle bildet das
Herzstück des Messeparks Passau, ausgelegt ist sie als Multifunktionsanlage. Mit rund
3.600 Sitz- bzw. bis zu 7.000 Stehplätzen verfügt die Halle über eine für das Einzugsgebiet (Ostbayern, Oberösterreich, Südböhmen) optimale Größe. Ausziehbare Tribünen und
eine teilbare Haupthalle ermöglichen alle Arten von Veranstaltungen: von Sport, Konzert
und Messe bis hin zu Tagungen, Events und Empfängen.

Dreiländermesse

Der Passauer Frühling/Dreiländermesse sieht sich als das Schaufenster der Wirtschaft
Niederbayerns und der angrenzenden Regionen in Österreich und Böhmen. Die große
Regionalausstellung wird seit 2004 alle zwei Jahre im Messepark Kohlbruck veranstaltet.
Vorgänger war die Passauer Frühjahrsmesse, die in der Nibelungenhalle und um sie herum
aufgebaut wurde. Zu Messezeiten strömen rund 70.000 Besucher in die Hallen und Zelte;
hier kann man einkaufen, sich Informationen besorgen, oder sich ganz einfach verwöhnen
lassen. Publikumsmagneten sind die Fachschauen zu Bauen und Wohnen, Medizin-Ge-
sundheit-Wellness sowie Freizeit und Touristik, wobei vor allem die Nachbarn aus dem
Österreichischen und Böhmischen Einblicke in Kultur und Gastronomie ihrer Länder geben.

Dult

Zweimal im Jahr ist in Passau zehn Tage lang Dultzeit. Die Volksfeste finden Anfang Mai (Maidult) und Anfang September (Herbstdult) auf dem Messegelände in Kohlbruck statt. Passaus Brauereien teilen sich die Bierzelte bzw. -stadl und stellen für diese Tage ein spezielles Festbier her. Trachtler und Schützen von weither ziehen am ersten Maidultsonntag vom Dom durch Altstadt und Fußgängerzone bis ins moderne Zentrum. Erst mit der Eingemeindung von St. Nikola 1870 wurde die Dult „passauisch". Bier- und Metbuden, Menagerien und Panoptiken prägten damals das Bild, ein Geschirr- markt bot vor allem der Landbevölkerung alles, was sie zum täglichen Gebrauch be- nötigte. In Zeiten des Ersten Weltkriegs war erst einmal Schluss mit der Dultseligkeit, und auch im Zweiten Weltkrieg gab es eine Zwangspause. 1946 konnte dann wieder eine Maidult abgehalten werden, Schießbuden waren damals allerdings ebenso noch verboten wie der Bierausschank. 2004 hieß es dann Abschied nehmen von liebgewor- denen Traditionen: Wegen der Umgestaltung der Neuen Mitte mussten Schausteller und Dultfreunde nach Kohlbruck umziehen.

Die Hände zum Himmel – Dultseligkeit zu vorgerückter Stunde.

Eggendobl

nennt sich der Ortsteil zwischen Anger und dem gleichnamigen Schloss, der heute vor allem von der Schanzlbrücke geprägt ist. Als „Eckentobl", so berichtet Franz Mader in seinem Handbuch „Die Straßen und Plätze in Passau", wurde er erstmals 1390 urkundlich erwähnt. Der Name deutet vermutlich auf „Acker am Dobl" hin. 1394 soll Eggendobl ein Schlösschen gewesen sein, das Fürstbischof Georg von Hohenlohe kaufte. Heute ist noch der gotische Hauptbau erhalten. Dieser ist in Privatbesitz und dient als Wohnhaus. Dazwischen war er, so geht es aus Aufzeichnungen im Stadtarchiv hervor, Landgerichtsgefängnis, Schule und Porzellanfabrik.

Ehrenbürger

Ehrenbürger durften sich in der Geschichte der Stadt bisher 49 Persönlichkeiten nennen. Ein berühmter Ehrenbürger, dessen Name heute noch bei allen Stadtführungen genannt wird, ist der Historienmaler Ferdinand Wagner (1847–1927), der den Rathaussaal unter anderem mit dem berühmten Nibelungenbild ausgestattet hat. Heute noch in aller Munde sind Bischof Simon Konrad Landersdorfer, der 1949 Ehrenbürger wurde, Franz Stockbauer (1923), Hans Carossa (1948), Fritz Schäffer (1958) sowie Dr. Hans Kapfinger (1971). Derzeit dürfen sich sieben Persönlichkeiten Ehrenbürger nennen: Verleger Dr. Dr. Axel Diekmann, Altbischof Franz Xaver Eder, der frühere Bundestagsabgeordnete Fritz Gerstl, der frühere Landtagsabgeordnete Anton Hochleitner, die frühere Bürgermeisterin der Partnerstadt Cagnes-sur-Mer Suzanne Sauvaigo, der frühere Oberbürgermeister Willi Schmöller sowie der Architekt und Kunstmäzen Hanns Egon Wörlen.

Elektrizität

Elektrische Beleuchtung sei aus „hygienischer Sicht" das Beste: Mit einer regelrechten Kampagne warb Passau 1906 für die Stromversorgung, ein Jahr bevor das erste E-Werk der Stadt beim Bahnhof den Betrieb aufnahm. Heute setzen die Stadtwerke Passau auf Wasser- und Blockheizkraftwerke. Zehn Prozent des Passauer Strombedarfs mit 13.000 Hausanschlüssen werden selbst produziert. Praktisch der gesamte „Fremdstrom"-Anteil kommt aus dem Wasserkraftwerk Kachlet direkt per 20.000-Volt-Stromleitung zur Übergabestation in Maierhof.

Europastadt

Der Titel ist eine Auszeichnung, die Passau 1980 als erste Stadt in Bayern verliehen bekam. Mit dem Europapreis wurde die Weltoffenheit der Passauer gewürdigt, die sich in Initiativen wie den Europäischen Wochen sowie internationalen Partnerschaften mit Städten im Ausland zeigte. Seit den 50er Jahren pflegten Passauer Verbindungen mit Hackensack in den USA und Dumfries in Schottland. In den 70er Jahren kamen Cagnes-sur-Mer (Frankreich) und Krems (Österreich) dazu. Kaum eine Stadt hat so viele Freundeskreise, die sich um Kennenlernen und gegenseitiges Verständnis bemühen und gute Kontakte pflegen. Durch die Auszeichnung wurde dieses Engagement noch intensiver. Weitere Partnerstädte kamen dazu: Akita (Japan), Malaga (Spanien), Budweis (Tschechien), Veszprem (Ungarn), Liuzhou (China) und Montecchio Maggiore in Italien. Heute ist Europa in Passau ein Normalzustand. Auf die Touristen aus aller Welt ist man bestens eingestellt. So ist zum Beispiel das Oberhausmuseum dreisprachig konzipiert – in Deutsch, Englisch und Tschechisch.

Europäische Wochen

Die Veranstaltungsreihe findet seit 1952 jedes Jahr in Passau statt. Entscheidend an der Gründung beteiligt war Robert M. Allen, Leiter der amerikanischen Konsulatsaußenstelle Passau und Direktor des damaligen Amerikahauses. Ziel war es damals, den Europagedanken mit Hilfe eines Festspielprogramms zu stützen. 1960 rettete ein Verein das Festival aus einer finanziellen Krise: Unter seiner Trägerschaft entwickelten sich die EW zu neuer Blüte. Walter Hornsteiner übernahm 1966 von Hermann von Moreau den Vereinsvorsitz, in seiner Zeit als Intendant von 1970 bis 1994 öffnete sich das Festival vor allem nach Osten, 1994 bis 2011 übernahm Dr. Pankraz Freiherr von Freyberg das Amt des Intendanten. Er machte die Festspiele, die sich jedes Jahr einem neuen Thema widmen, zum spartenreichsten Festival Deutschlands, das neben Weltstars auch junge Künstler präsentiert, neben Klassikern auch zeitgenössische Musik. Längst haben die Europäischen Wochen den engen lokalen Rahmen gesprengt: Mit Auftrittsorten in ganz Ostbayern, Oberösterreich und Tschechien ist es neben den Musikfestspielen Saar das einzige Festival, das in drei Ländern stattfindet.

Fernsehturm

Das einstige Wahrzeichen des Stadtteils St. Anton ist kräftig geschrumpft, von 75 auf 52 Meter. 2007 war die Antenne, die für die Übertragung analoger Signale nicht mehr gebraucht wurde, mit Hilfe eines Spezialhubschraubers abgenommen worden. Jetzt trägt der Turm Mobilfunkantennen, aber auch zwei UKW-Sender.

Feuerwehr

Passau ist die Stadt der 13 Feuerwehren. Seit mehr als 150 Jahren schützen sie die Stadt bei kleinen und großen Katastrophen. Rund 660 Feuerwehrleute sind bei den elf Stadtteilfeuerwehren in Gaißa, Grubweg, Haarschedl, Hacklberg, Hals, Heining, Ilzstadt, Innstadt, Ries, Schalding links der Donau, Schalding rechts der Donau, sowie bei der Hauptwache oder in einem der ZF-Werke Patriching und Grubweg aktiv. Zu über 1.000 Einsätzen im Jahr werden sie laut Statistik gerufen. Die Entstehung der Truppe ist auf einen verheerenden Großbrand in der Brunngasse vor mehr als 150 Jahren zurückzuführen, bei dem sechs Gebäude niederbrannten. Neben Landshut und Ortenburg war Passau eine der drei ersten organisierten Feuerwehren in Niederbayern. Spezialisten sind die Passauer Feuerwehrleute gerade in Sachen Hochwasser. Wer sich für die Geschichte der Feuerwehren näher interessiert, ist im ehemaligen Kanonengewölbe des Oberhausmuseums goldrichtig. Eine Sonderausstellung zeigt hier Ausrüstung, Entwicklung und Uniformen der niederbayerischen Feuerwehren vom Ende des 17. bis ins frühe 20. Jahrhundert hinein.

Firmian, Leopold Ernst Graf von

Graf von Firmian (1708–1783) gilt als der letzte große Barockbischof der Stadt. 1763 wurde er auf Empfehlung der Kaiserin Maria Theresia zum Fürstbischof gewählt. Er baute ein Krankenhaus in der Heiliggeistgasse und stellte die Neue Residenz im Stile des Rokoko fertig. Nach der Auflösung des Jesuitenordens 1773 führte er die Passauer Hochschule als „Fürstbischöfliche Akademie" fort. Unmittelbar nach seinem Tod trennte Kaiser Josef II. den gesamten zu Österreich gehörenden Bereich des Bistums Passau von diesem ab – das Erzbistum Wien sowie die Bistümer St. Pölten und Linz.

Vom Schloss zur Schule: Freudenhain ist ein Meisterwerk des Frühklassizismus.

Freudenhain

Das musisch orientierte Auersperg-Gymnasium im Stadtwald zwischen der Ries und Hacklberg befindet sich in einem frühklassizistischen zweigeschossigen Schloss, das 1790 bis 1794 inmitten eines englischen Parks errichtet wurde. Mit seinem neuen Sommersitz verwirklichte Kardinal Joseph Franz Anton Graf von Auersperg sein Ideal eines Schlosses inmitten eines Naturparks. Fernab von strengem Hofzeremoniell konnte er hier im Kreis gleichgesinnter Freunde – daher der ursprüngliche Namen Freundenhain – lustwandeln, die Unterhaltung pflegen, Mensch sein. Die von Hofbaudirektor Johann Georg Hagenauer errichteten Bauten zählen zu den anmutigsten Werken des Frühklassizismus im süddeutschen Raum. Der englische Garten, den 1798 der Dichter Ernst Moritz Arndt bestaunte, dient heute den Passauern als Stadtpark. Ein Großteil der Denkmäler ist inzwischen verlorengegangen; wer ein bisschen herumstreift, kann sich aber unter anderem von einer künstlichen Grotte verzaubern lassen. Nach der Säkularisation wurde das Schloss ausgeräumt und in ein Militärhospital umgewandelt. Die Englischen Fräulein, der Maria-Ward-Orden, kauften 1880 die Gebäude und erweiterten sie 1900 um eine Kapelle. Unter ihrer Leitung war es Kloster, Schule für Lehrerinnen und Internat. In den 1980er Jahren wurde das Internat aufgelöst, der frühere Speisesaal ist heute die Schulbibliothek.

Passauer Friedhofsidyll: letzte Ruhe unter Bäumen.

Friedhöfe

13 Friedhöfe gibt es in Passau und jeder hat eine unverwechselbare Ausstrahlung. Der Innstadt-Friedhof ist der größte – und zugleich einer der schönsten in Süddeutschland. Am Hochfriedhof wurde 1772 der erste Passauer zu Grabe getragen. Tritt man durch das elegante, gelb-weiße Portal des Hauptfriedhofs, betritt man eine Oase der Ruhe mitten im hektischen Treiben der Stadt, vor allem im hinteren Teil des Friedhofs, auf dem Soldatenfriedhof und dem so genannten Waldfriedhof. Wer an Allerheiligen oder Weihnachten nach Einbruch der Dunkelheit das Friedhofsgelände betritt, erlebt eine ganz außergewöhnliche Atmosphäre.

Die Perspektive täuscht: In Wirklichkeit ist der Fünferlsteg gar nicht so nah am Dom.

Fünferlsteg

So heißt bei den Passauern der Innsteg, der seit 1916 die Innstadt mit dem Zentrum verbindet. Eigentlich heißt der Steg Hindenburgsteg oder -brücke. Seinen Spitznamen bekam er, weil bis 1975 ein Brückenzoll von fünf Pfennigen bezahlt werden musste. Zu Allerheiligen, wenn ganz Passau auf Gräbergang war, bildeten sich da regelmäßig lange Warteschlangen. Den Bau des Innstegs hatte eine gleichnamige Aktiengesellschaft betrieben, die später auch lange Zeit für die Betreuung der Brücke zuständig war. Bereits am 17. Juni 1917, also nur siebeneinhalb Monate nach seiner Inbetriebnahme, passierte der 100.000 Fußgänger den Innsteg.

Glasmuseum

Teller, Vasen, Lampen – Glas, so weit das Auge reicht. Als „schönstes Glashaus der Welt" bezeichnete der Dramatiker Friedrich Dürrenmatt das Glasmuseum von Georg und Peter Höltl am Rathausplatz, das viele Schätze birgt. Gezeigt wird die Entwicklung der böhmischen und schlesischen Glaswelt, beginnend mit einigen Stücken aus der Zeit um 1650 über die Prunkgläser des 18. Jahrhunderts, deren Schönheit und Üppigkeit vor allem der

Tatsache geschuldet sind, dass Königshäuser und Hochadel zu den Auftraggebern zählten, bis hin zu filigranen Jugendstil-Arbeiten und Gläsern aus der Zeit des Zweiten Weltkriegs. Das Glasmuseum ist jedoch nicht nur Ausstellungsort, sondern vor allem ein wichtiges Forschungszentrum: Wissenschaftler aus aller Welt haben es bereits besucht und führende Glasexperten zeigten sich von seinem hohen wissenschaftlichen Anspruch beeindruckt.

Sammelleidenschaft: Centa und Georg Höltl inmitten ihrer Schätze.

Fast mystisch ist auch heute noch die Stimmung beim Glockenguss.

Glockengießerei

10.000 Kilo wog die größte Glocke der Passauer Gießerei Perner, die 2009 zusammen mit elf kleineren an das Kloster Scheyern geliefert wurde. Die Glockengießerei, die einzige Bayerns, ist 400 Jahre alt und hat ihre Wurzeln in Brixen in Südtirol. „David Perner goss mich 1675" lautet die Inschrift einer Glocke in Mähren, „J. Perner anno Domini 1999" steht auf einer Glocke in Luc bei Karlsbad. Mitte des 18. Jahrhunderts gründete ein Sohn der Pilsener Perner-Familie eine Glockengießerei in Budweis. Seine Kinder und Kindeskinder begründeten den weltweiten Ruf der Pernerschen Handwerkskunst. Zu Beginn des 20. Jahrhunderts übernahm Rudolf Perner den Betrieb in Budweis. Nach den Wirren des Zweiten Weltkriegs und der Vertreibung baute er in Passau ein neues Werk in einer ehemaligen Ziegelei auf. Der Betrieb, inzwischen in der dritten Generation dort ansässig, wird heute von seinem Sohn und Enkel geführt. Aktuell produziert die Firma für Kunden in aller Welt etwa 100 bis 200 Glocken im Jahr – in allen Größen. Auch die Glocken im Passauer Dom werden von den Perners gewartet und gepflegt, die 8.000 Kilo schwere Pummerin hängten sie 1952 im Südturm auf. Die Glocken der Frauenkirche München kamen genauso aus Passau wie die 9.250 Kilo schwere Glocke in der Stephansbasilika in Budapest.

Säumerzüge nach historischem Vorbild besuchen immer wieder auch die Dreiflüssestadt.

Goldener Steig

Salz und Passau gehören fest zusammen. 2010 haben Brauchtumsvereine und Historiker das Jubiläum „1000 Jahre Goldener Steig" gefeiert, weil zur ersten Jahrtausendwende nach Christus dieser Handelsweg nach Böhmen erstmals Erwähnung fand. Seine wahre Blüte erlebte der Säumerweg jedoch im 16. Jahrhundert, als von Passau aus große Mengen Salz auf dem Rücken von Mensch und Tier zu den böhmischen Nachbarn transportiert wurden. Die cleveren Passauer Geschäftsleute profitierten davon ganz besonders. Der Begriff „Weißes Gold" macht deutlich, welchen Reichtum die Fracht aus den Salinen des Salzburger Landes und von Berchtesgaden den Fürstbischöfen und der Stadt einbrachte. Nach Passau gelangte das Salz, das in Böhmen Mangelware war, auf dem Inn. Flussabwärts schifften es die Salzschopper auf ihren Plätten. In Passau zwang sie das Gesetz (und ein strenges Passauer Regiment), ihre Fracht am Schaiblingsturm abzuliefern. Dieses „Niederlagsrecht" war ein regelrechter „Goldesel" für die Dreiflüssestadt. Denn nur die hiesigen Handelsherren durften das Salz zum gängigen Preis kaufen. Mit spürbaren Gewinnen veräußerten sie es weiter an die böhmischen Geschäftspartner, die es von den Säumern abholen ließen. Auch für Lagerung (im Salzstadel in der Altstadt) und Überfuhr über Donau und Ilz kassierten die Passauer. Der über Passau abgewickelte Salzhandel nahm enorme Ausmaße an. Zwischen 1552 und 1594 landeten in Passau Monat für Monat zwischen 1.000 und 1.500 Tonnen des Weißen Goldes, 40 bis 50 Tonnen pro Tag. Von den Fürstbischöfen über die Kaufleute und Passauer Wirte bis hin zu den Mägden und Tagelöhnern profitierten etliche Menschen der Dreiflüssestadt vom Salzhandel. Mangels Straßen und Brücken waren die Salzhändler aus Salzburg und Reichenhall auf Gedeih und Verderb an Passau gebunden. Vorübergehend luden sie ihre Fracht am Nikolakloster am Inn ab und brachten sie an der Stadtmauer vorbei über die Donau. Doch spätestens dort machten ihnen die Truppen der Passauer das Leben schwer, zumal die Überfuhr fest in Passauer Hand war. Das Ende des Passauer Salzhandels läutete 1594 der bayerische Herzog ein, dem das Passauer Monopol schon lange missfiel. Er verpflichtete sich, die gesamte Halleiner Salzproduktion eines Jahres zu kaufen. Diese vertrieb das bayerische Herrscherhaus dann auf eigenen Wegen Richtung Osten – Passaus Niederlagsrecht war quasi von heute auf morgen wertlos.

Grenze

Passau war immer Grenzstadt. Seit dem Zweiten Weltkrieg ist Passaus Stadtgrenze gleichzeitig Landes- und Bundesgrenze zu Österreich. Nach Gründung der Bayerischen Grenzpolizei 1946 erhielt die Stadt wegen ihrer fünf Straßen-Grenzübergänge, eines Eisenbahnübergangs und des Schiffsübergangs Passau-Donaulände viele Grenzer zugeteilt und mit dem Grenzpolizeikommissariat eine hochrangige Führungsstelle. Am 1. Januar 1969 wurde im Zuge einer Umorganisation daraus die Grenzpolizeiinspektion Passau mit einem Dienstbereich von Kirchdorf am Inn bis Breitenberg und teilweise über 350 Mitarbeitern. Davon versahen über 150 im Stadtgebiet von Passau ihren Dienst. Die Grenzkontrollen zu Österreich wurden durch die Erweiterung des Schengengebiets auf das Nachbarland am 31. März 1998 endgültig eingestellt. Die Grenzpolizeiinspektion Passau wurde aufgelöst, die Polizeiinspektion Fahndung übernahm nun die Aufgabe, hinter der Grenze auf Verbrecherjagd zu gehen.

Grubweg

Der Stadtteil, der im Süden durch die Donau und im Südwesten durch die Ilz begrenzt wird, kam erst 1972, damals gegen starke Widerstände der Grubweger, zur Stadt Passau. In der ländlich geprägten Gemeinde eröffnete 1943 die Zahnradfabrik Friedrichshafen (ZF) die Waldwerke GmbH, die hier Getriebe für Panzer fertigte. Die ZF entwickelte sich später zum größten Arbeitgeber der Region. Seine Eigenständigkeit bewahrt sich der Stadtteil unter anderem dank seines regen Vereinslebens.

Hackensack

Die Kleinstadt im Norden des US-Bundesstaats New Jersey nahe New York besiegelte 1952 mit Passau eine Städtepartnerschaft. Die Initiative zur damals ersten Städteverbindung geht auf die amerikanische Seite zurück und deren Anliegen, die Völkerverständigung zu fördern. Heute „ruht" diese Partnerschaft.

Hacklberg

Das einstige Sommerschloss, die Brauerei und der Stadtpark prägen den Stadtteil. Hacklberg war ein bischöflicher Lehenshof; Fürstbischof Georg von Hohenlohe erbaute hier 1410 ein Sommerschloss, das Wolfgang von Salm 1544 erweitern ließ. 1675 verlegte Sebastian von Pötting das fürstbischöfliche Bräuhaus an diesen Ort, daraus entstand die heutige Brauerei. Ab 1650 wurde das Schloss weiter ausgebaut, doch blieb nach der Säkularisation nur ein Teil erhalten. 1818 wurde aus 44 Ortschaften die Gemeinde Hacklberg gebildet, auch die Vesten Oberhaus und Niederhaus wurden damals eingegliedert. Seit der Eingemeindung 1972 gehört Hacklberg zu Passau. Der so genannte Fürstenbau hat die Jahrhunderte überdauert, seine Säle werden heute gerne für Hochzeiten genutzt.

Braukunst in fürstbischöflichen Gebäuden: Hacklberg hat eine alte Bier-Tradition.

Rotoren für Windkraftanlagen warten auf die Verladung.

Hafen

Handelsstadt ist Passau immer schon – als Hafen am Zusammenfluss von Donau und Ilz war sie dafür geradezu prädestiniert. Eine der ersten Anlegestellen war die Passauer Lände in der heutigen Altstadt. 1900 entschlossen sich die Verantwortlichen aufgrund des wachsenden Güterverkehrs zum Bau eines Winterhafens. Dafür wurde die Insel Racklau durch einen 1.068 Meter langen Damm mit dem rechten Donauufer verbunden. Hinzu kamen eine 667 Meter lange Kaimauer und ein Gleis- und Straßenanschluss. So wurde aus der ehemaligen Insel ein vollwertiger Hafen. 1983 wurde mit dem Bau der RoRo-Anlage in Schalding rechts der Donau begonnen, einer Anlegestelle, an der Spezialschiffe für den Fahrzeugtransport über eine Rampe beladen werden können. Die Aufnahme des RoRo-Verfahrens bedeutete für Passau einen enormen Aufschwung im Güterumschlag. In den 90er Jahren wurde mit der Reaktivierung des Hafens Passau-Racklau begonnen, seit Mitte 2001 macht ein neuer Hafenmobilkran den Umschlag effizienter. Der Standort Schalding wird derzeit zu einem modernen Binnenhafen ausgebaut, der die Vernetzung von Schiff, Bahn und Lkw garantieren soll. Für Kreuzfahrt- und Fahrgastschiffe stehen 17 Anlegestellen mit 29 Liegeplätzen an den beiden Länden Altstadt und Lindau zur Verfügung. 1907 Kreuzfahrtschiffe mit 225.000 Passagieren legten im Jahr 2009 in Passau an. Dazu kamen 500.000 Passagiere, die jedes Jahr an den Dreiflüsserundfahrten und Ausflugsfahrten ins Donautal teilnehmen.

Haferlfest

Das Traditionsfest der Ilzer wurde 1887 als „Hafenfest" von Anton Niederleuthner und Ferdinand Wagner ins Leben gerufen. Der Name kommt von den tönernen „Haferl", die anstelle einer Eintrittsmarke dienten und heute noch von Sammlern heiß begehrt sind. Nach Unterbrechungen während der Weltkriege fand das Fest ab 1950 jährlich statt, eine Zwangspause gab es während der Hochwassersanierung der Ilzstadt in der 60-er und 70-er Jahren sowie nach organisatorischen Problemen 2010. Feste Bestandteile waren ein Sautrog- und Zillenrennen, ein Fischerstechen sowohl als abendlicher Höhepunkt das Feuerwerk und der Lichterkorso der bunt beleuchteten Boote und Schiffe. Tradition ist auch, dass die Ilzer Perle am ersten Tag einen Festzug anführt.

Haidenhof

Haidenhof ist der Stadtteil, der die vergangenen Jahrzehnte die rasanteste Entwicklung genommen hat – auch dank des aufstrebenden Gewerbegebiets Kohlbruck. Das Gebiet der Gemarkung umfasst auch den Stadtteil Auerbach, es reicht bis an die Leonhard-Paminger-Straße und hinunter zum Inn, bis an die Auerspergstraße und hinunter zur Donau. Der Haidenhof zwischen St. Nikola und der Grafschaft Neuburg war ein Waldgütleramt des Hochstifts, 1809 entstand aus Gebieten des Kurfürstentums Bayern und der Gemeinde St. Nikola die neue Gemeinde Haidenhof. 100 Jahre später war nach St. Nikola 1870 Haidenhof 1909 die zweite große Eingemeindung – Passau wurde damals mit 21.000 Einwohnern zur zweitgrößten Stadt Niederbayerns nach Landshut.

Hals

Hals hatte in Passau immer schon eine Sonderstellung: Wanderwege, Naturschutzgebiet, Wildwasser, Stausee, steile Felswände, Urlaub auf dem Bauernhof, Ruine, der Pranger auf einem mittelalterlichen Marktplatz, Wiesen und Wälder. Allein die Hochhäuser in Hochstein verraten die Nähe zur Stadt. Von der einstigen Grafschaft der Herren von Hals zeugt heute die Burgruine, im frühen 12. Jahrhundert ist sie als deren Sitz und Stammburg erstmals urkundlich erwähnt. Um sie herum hat sich der mittelalterliche Markt entwickelt. 1517 gelangte Hals an die Bayernherzöge – den Bischöfen von Passau

Malerisch ragt die Burgruine über die Häuser an der Ilz.

gelang in der Folge nie, diese Enklave innerhalb ihres Territoriums dem Hochstift Passau einzugliedern. Die Burg allerdings wurde im 17. Jahrhundert vom Grafschaftspfleger verlassen, im 18. Jahrhundert wurden die Dächer abgetragen, was den heutigen Anblick umso pittoresker macht. Ein wichtiger Wirtschaftsfaktor war für Hals bereits seit dem Mittelalter die Flößerei. Oberhalb von Hals wurde eine mächtige Triftsperre angelegt und das Triftwasser durch einen heute noch vorhandenen, 1827 bis 1831 erbauten 130 Meter langen Tunnel geleitet. Seit 1920 staut das Wehr eines Elektrizitätswerks das Wasser der Ilz am Halser Stausee. Leider gilt dort seit Jahrzehnten ein Badeverbot. 1972 wurde die ehemalige Marktgemeinde ein Ortsteil der Dreiflüssestadt.

Hängebrücke

Hängebrücke und Luitpoldbrücke ist in Passau ein und dasselbe. Die ursprüngliche Brücke vom Römerplatz zum Anger wurde 1910 fertiggestellt und nach Prinzregent Luitpold von Bayern benannt. 1945 war die Brücke gesprengt worden, 1948 wurde sie wiederhergestellt.

Exklusives Wohnhaus mit Charme

Diese Villa in Waldkirchen wurde liebevoll geplant, mit hochwertigen Materialien erbaut und exklusiv ausgestattet. Die offene Bauweise ist samt ihren fließenden Übergängen in einem zeitlosen Stil konzipiert worden. Die Räume strahlen ein sehr positives Wohngefühl aus: die gemütliche Küche samt Speis, das Esszimmer mit Kachelofen, das Wohnzimmer & Büro jeweils mit offenem Kamin und teilweise Sichtgiebel. Die hellen Schlafzimmer, das herrliche Natursteinbad so wie auch das Gästeappartement sprechen für sich selbst. Die Terrassen laden zum Genießen des herrlichen Blickes über den Bayerischen Wald ein. Zwei Doppelgaragen, Bibliothek, Weinkeller uvm. runden das Ganze ab. Ein schickes Zuhause in sonniger Ruhelage! Leben im Einklang mit der Natur de Luxe.

Kaufpreis: auf Anfrage: Lage: Waldkirchen/Bayrischer Wald, Wohn-/Nutzfläche: ca. 482,00 m², Grundstück: 3843,00 m²

Hatz & Popp Immobilien GmbH
Messestrasse 3 - 94036 Passau
Tel: 0851-7569370
Luisenstrasse 62 - 80798 München
Tel: 089-28803520
www.hatz-popp.de

Handwerkskammer

Das Zentrum des niederbayerischen Handwerks sitzt in Passau. Genauer in der Nikolastraße 10 – dort hat die Handwerkskammer Niederbayern-Oberpfalz ihren Passauer
Verwaltungssitz. Geschäftsführung, Präsidium und Vollversammlung geben den Hand-
werkern in Niederbayern und der Oberpfalz eine Stimme. Die Handwerkskammer
vertritt die Interessen ihrer Mitgliedsbetriebe, führt die Handwerksrolle, regelt die
Ausbildung, berät Betriebe und organisiert ein umfangreiches Fortbildungsangebot
für Handwerker. Seit 1964 gibt es neben dem Verwaltungsgebäude in der Nikolastraße
auch das Berufsbildungs- und Technologiezentrum im Stadtteil Auerbach, genauer
im Gewerbegebiet Mollnhof. In rund 270 Lehrgängen pro Jahr machen sich dort fast
3.400 Handwerker fit für die berufliche Zukunft. Im Landkreis gibt es noch ein weiteres Bildungszentrum in Vilshofen, in dem jährlich 25 Lehrgänge mit rund 300 Teilnehmern stattfinden.

Heiliggeistkirche und –spital

Der Stadtrichter und Münzmeister Urban Gundacker und seine Frau Plektraud ließen
1347 die Kapelle errichten und stifteten 1358 das Spital, das seinerzeit für Männer be-
stimmt war, die mittellos waren und nicht mehr arbeiten konnten. Unter den Bewoh-
nern, den sogenannten Pfründnern, waren immer auch drei Priester, die in der Kapelle
täglich eine Messe für die Mitbewohner zu lesen hatten. Bischof Heinrich von Hofstätter ließ 1851 die Kirche neugotisch ausstatten, was er privat bezahlte. Besonderen Wert legte er auf Glasgemälde, die er von der Firma Scherer anfertigen ließ. Die
Farbverglasungen der drei Chorfenster wurden 2008 auf dem Dachboden der Kirche
gefunden. Ein Förderverein hat die Kirche seit 2008 gemietet, mit einer rührigen Vor-
standschaft bemüht er sich, das Kleinod wieder für die Öffentlichkeit zugänglich zu
machen. Seitdem werden hier Lesungen veranstaltet, kleinere Konzerte, aber auch
Ausstellungen.
Der Stiftungsgedanke lebt in dem Seniorenheim der Bürgerlichen Heiliggeist-Stiftung
fort, die etwa auch das Donaufischwasser vom Kachlet bis unterhalb der Ilzstadt, die
Stiftsweinschenke sowie österreichische Weinberge besitzt. Die Bürgerliche Heiliggeist-
Stiftung ist eine der fünf Stiftungen, die von der Stiftungsverwaltung der Stadt Passau
verwaltet werden.

Heining

Der mit 20,84 Quadratkilometern flächenmäßig größte Stadtteil umfasst den Passauer Westen und damit auch die Ortschaften Schalding r.d.D., Neustift und Rittsteig. 781 urkundlich erstmals erwähnt, gab es hier schon 970 eine eigene Kirche. Die Ortschaft gehörte nicht zum Hochstift Passau, sondern zum Herzogtum bzw. Kurfürstentum Bayern. Seit 1808 war sie eigenständige Gemeinde. 1922 bis 1927 entstand auf Gemeindegebiet das Kraftwerk Kachlet, während des Zweiten Weltkriegs wurde zwischen Schalding und Heining ein Gefangenenlager betrieben, das nach Kriegsende in ein Flüchtlingslager umgewandelt wurde, in dem 45.000 Menschen eine erste Unterkunft fanden. 1972 wurde die bis dahin selbständige Kommune in die Stadt Passau eingegliedert.

Hochwasser

Die Anwohner an Donau, Inn und Ilz haben sich längst daran gewöhnt: Jedes Jahr dringt das Wasser mehrmals bis zu ihren Häusern vor, überflutet Straßen und Keller. Als Dreiflüssestadt wird Passau regelmäßig von Hochwasser heimgesucht. Bereits Papst Pius II. wies 1444 darauf hin, dass nur wenig fehlt, dass sich Inn und Donau am Eingang der heutigen Fußgängerzone vereinigen. Die drei wichtigsten Faktoren für das Hochwasser: Die Flussufer von Donau, Inn und Ilz sind dicht besiedelt, am Mündungsdreieck der drei Flüsse treffen die Wassermassen aufeinander – und können ausgerechnet dort nirgendwohin ausweichen: Die Passauer Halbinsel, die durch den Mündungsverlauf von Donau und Inn gebildet wird, ist mit 300 Metern selbst an der breitesten Stelle recht schmal und liegt außerdem mit etwa 300 Metern über Normalnull ziemlich niedrig. Das letzte „Katastrophenhochwasser" war im August 2002 zu verzeichnen: Vermehrte Wasserführung durch die Schneeschmelze und langanhaltende, starke Regenfälle ließen die Flüsse sprunghaft ansteigen und über die Ufer treten. Damals erreichte die Donau einen Pegelstand von 10,81 Metern – verhältnismäßig niedrig im Vergleich zu Pegelständen, die in früheren Jahrhunderten erreicht wurden. Etwa am 15. August 1501, als Inn und Donau auf Höhe des Heiliggeist-Spitals ineinanderflossen. Die Stadtteile Neumarkt, Ort, Innstadt und Ilzstadt waren vollständig überschwemmt. Die Feuerwehren der Stadt haben sich inzwischen mit minutiösen Einsatzplänen auf den Ernstfall vorbereitet und geben ihre Erfahrungen im Katastrophenmanagement gerne an Kollegen in anderen Städten weiter.

Stadt unter Wasser – ein Anblick, an den die Passauer gewöhnt sind.

Kulturzauber in der Altstadt: Die Höllgasse hat ein besonderes Flair.

Höllgasse

Hier ist das mittelalterliche Passau noch am besten zu erleben – eng ragen die Häuser-
zeilen empor, die bei den Stadtbränden immer wieder ein Raub der Flammen, dann
wieder neu errichtet wurden. Schon bei mittelschweren Hochwässern ist die Gasse
regelmäßig überschwemmt, fast jedes Jahr rückt die Feuerwehr zum Stegebau aus.
Aus maroden und feuchten Häuserfluchten wurde dank einer groß angelegten Sanie-
rung in den Jahren 1980 bis 1997 wieder ein Schmuckstück. Heute lockt die Höllgasse
mit Gastronomie und vor allem Kunst. Sogar ein eigener Verein, Agon e. V., sorgt mit
Festen, Ausstellungen und vielen anderen Events für buntes Leben, bei der alljährli-
chen Kunstnacht strahlt die Höllgasse einen ganz besonderen Zauber aus.

Schmiedekunst: der Eingang zur Hofstiege.

Hofstiege

Die Verbindung von der Innbrückgasse zum Residenzplatz. Ein Schmuckstück ist das Ende des 18. Jahrhunderts gefertigte Gitter von Hofarchitekt Melchior Hefele.

Humboldt, Alexander von

Der berühmte Naturforscher und Universalgelehrte (1769–1859) ist mit seinem aller-dings nicht belegbaren Ausspruch, Passau sei eine der sieben schönsten Städtelagen der Welt, heute noch einer der besten Werbeträger der Dreiflüssestadt. 1792 hatte er als 23-jähriger in Passau Station gemacht.

Schwarz strömt das moorige Ilzwasser in die Donau.

Ilz

Die Ilz mäandert links der Donau auf Passau zu und hat eine Länge von etwas mehr als 60 Kilometern. Ab Hals ist das Ilztal Naturschutzgebiet. Der kleinste der drei Passauer Flüsse führt das dunkelste Wasser mit sich und wird deshalb von den Anhängern blumiger Sprache auch „schwarze Perle" genannt. Unterhalb Grafenau (Landkreis Freyung-Grafenau) vereinigen sich Große, Kleine und Mitternacher Ohe zur Ilz, die in Fürsteneck unterhalb des Schlosses die Wolfsteiner Ohe aufnimmt. Die Ilz war 2002 und 2003 „Flusslandschaft des Jahres" und wird als einer der saubersten Flüsse Deutschlands bezeichnet. Ab 1920 wurde im Kraftwerk Hals mit dem Wasser der Ilz Strom erzeugt, später kam Oberilzmühle hinzu. Touristisch hat das Ilztal für Paddler und Kanufahrer sowie Wanderer und Radfahrer einiges zu bieten.

Ilzstadt

Früher fluchten die Säumer über die oberhalb der Ilzstadt steil ansteigenden Wege, auf denen sie mit ihrer Ladung auf Eseln und Pferden nur mühsam vorankamen. Heute fluchen die Autofahrer, die zu Stoßzeiten von Norden nach Passau müssen und im Stau stehen. Die Ilzstadt ist gefangen in ihrer Lage an einer der wichtigsten Achsen zwischen Bayern und Tschechien. Das mag jahrhundertelang ein Vorteil gewesen sein, führte es

Der Verkehr macht der Ilzstadt zu schaffen.

doch zum Reichtum der Händler, die sich an der Ilzmündung niederließen. Heute ist es der größte Nachteil des Orts, der eine so fantastische Aussicht auf Oberhaus, Niederhaus und Ortspitze genießt und in dem es hinter der ersten Häuserfront durchaus gemütlich zugeht. Die Ilzstadt wurde in den 1960er Jahren komplett umgebaut. Über die Ästhetik dieser Maßnahme wird bis heute gestritten, doch vom Hochwasser blieben die Anlieger seitdem weitgehend verschont. Einmal im Jahr kommt Passau in die Ilzstadt zum Feiern – zum Ilzer Haferlfest, das allerdings 2010 eine Pause machte.

Industrie- und Handelskammer

Über 74.000 Mitgliedsunternehmen – diese stolze Zahl steht für die Industrie- und Handelskammer Niederbayern, die in Passau ihren Sitz hat. In der Nibelungenstraße 15 befindet sich der Verwaltungssitz der Organisation, die die Interessen der gewerblichen Unternehmer in der Region vertritt. Unternehmensförderung, Aus- und Weiterbildung oder Rechtsfragen sind nur einige der Themen, zu denen sich Unternehmer bei der IHK Informationen und Beratung holen können. Mit der IHK-Akademie bietet sich die Möglichkeit für berufliche Weiterbildung in verschiedenen Berufszweigen. Zu den bekanntesten Firmen der Stadt zählen die ZF Passau GmbH (siehe dort), die Eterna Mode GmbH als Marktführer im Bereich bügelfreie Hemden und Blusen sowie die Verlagsgruppe Passau als Herausgeber regionaler Tageszeitungen in Mittel- und Osteuropa.

Ingling

Das Wasserkraftwerk am Inn wurde 1966 fertiggestellt. Betreiber ist die Österreich-Bayerische Kraftwerke AG. Es erzeugt mehr als 500 Millionen Kilowattstunden im Jahr. Die Staustufe verbindet zudem das österreichische mit dem bayerischen Ufer und verknüpft beiderseits gut ausgebaute Rad- und Wanderwege.

Inn

510 Kilometer hat der Inn bereits hinter sich, wenn er in Passau in die Donau mündet. Er entspringt am Piz Longhino in der Schweiz. Durch die Schifffahrt war Passau von jeher verbunden mit den Alpen und darüber hinaus mit Italien. Der Inn hat zusammen mit den anderen Flüssen großen Anteil am Aufstieg Passaus zur Handelsstadt.

Innpromenade

Von der Innbrücke flussabwärts, entlang der farbenprächtigen Altstadthäuser, zeigt Passau seine „italienische" Seite. Die Strecke flussaufwärts wurde im Wesentlichen im ausgehenden 19. Jahrhundert angelegt. Die Stadtgärtnerei pflegt die Blumenbeete entlang der Promenade mit Hingabe und Spaziergänger nutzen den idyllischen Weg gerne zum Flanieren.

Innstadt

Die Innstadt ist die älteste Siedlung der Stadt mit erhaltenen Überresten. Das Kastell Boiotro haben die Römer um 280 nach Christus errichtet. Auf seinen Mauern befindet sich heute das Römermuseum. Der Heilige Severin baute im ausgehenden fünften Jahrhundert ein kleines Kloster. Später entwickelten sich, bedingt durch die Auslagerung bestimmter „Risikoberufe" wie etwa der Lederer aus der Altstadt, erste Gewerbezentren. 1923 wurde die ehemalige Gemeinde Beiderwies eingegliedert, die das Gebiet außerhalb der Stadtmauern umfasste. Heute ist die Innstadt beliebter Wohnort, bietet doch beinahe jedes Fenster einen traumhaften Ausblick – entweder in Richtung Dom und Oberhaus oder in Richtung Mariahilf. Über Marienbrücke oder Fünferlsteg ist es nur ein Katzensprung ins Zentrum. Großer Nachteil der Innstadt ist der Verkehr, der sich durch sie zwängt.

Die „italienische Seite" der Stadt, im Hintergrund die Veste Oberhaus.

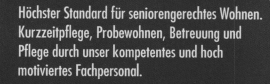

Jägerhof

Der Vierseithof wurde 1406 erstmals urkundlich in einem Lehensbrief erwähnt. 1793 erbaute Joseph Joachim von Jäger nach seiner Erhebung in den Adelsstand den Hof an der heutigen Stelle. Er war unter anderem Hofrat und letzter fürstbischöflicher Bürgermeister von Passau. Als Ebnerhof wurde das Anwesen später land- und gastwirtschaftlich genutzt, war Biergarten und Ausflugsziel, hatte aber längst geschlossen, als die ZF Passau ihn 1982 pachtete. Das Anwesen wurde in Jägerhof umbenannt und wird seit 1983 als Gästehaus der ZF Passau GmbH genutzt.

Johannis-Spital

Die Entstehung des Johannis-Spitals geht auf die Kreuzzugbewegungen des frühen Mittelalters zurück. Das Domkapitel von Passau gründete um 1198 in der Vorstadt – am heutigen Rindermarkt – das Hospital. Der Paulusbogen war damals die Stadtgrenze. Ursprünglich war es für die Versorgung der Pilger und Kreuzfahrer gedacht. Dann sollten alle hilfsbedürftigen Bürger Passaus dort Hilfe finden. Bis 1278 unterstand es dem Domkapitel, danach gehörte es der Stadt. Heute ist es ein Seniorenheim, welches seit 1999 vom Seniorenstift Stadt Passau betrieben wird.

Josefsheim

Das von den Passauern Sepperlheim genannte Haus war bis in die 70er Jahre eine Handelsschule und Internat für Mädchen unter Trägerschaft der Maria-Ward-Schwestern. Heute befindet sich in dem Haus an der Neuburger Straße unter anderem die Private Berufsakademie für Aus- und Weiterbildung Passau gGmbH mit Berufsfachschulen für Fremdsprachenberufe, informationstechnische Berufe, Altenpflege und Altenpflegehilfe.

Jugendherberge

Ein steiler Aufstieg ist zu überwinden, bevor die Veste Oberhaus erklommen ist. Doch für viele Radfahrtouristen liegt genau hier oben, über den Dächern der Dreiflüssestadt, das Ziel – die Jugendherberge Passau. Etwa 8.500 Menschen wohnen jedes Jahr in diesem historischen Ambiente. 2009 waren das stolze 17.500 Übernachtungen. 127 Betten in 26 Zimmern stehen für Übernachtungen bereit. Seit 1928 gibt es mittlerweile schon eine Jugendherberge in Passau. Damals lag sie noch am Fuß des Oberhausbergs, am Bschüttpark in der Ilzstadt. 22 Jahre später kam der Umzug ins ehemalige Generalsgebäude der Brauerei auf der Veste Oberhaus.

Justiz

Justizviertel könnte man zur Passauer Altstadt auch sagen. Dort liegen wie an einer Perlenschnur aufgereiht die Staatsanwaltschaft im Heinrichsbau, hoch über dem Inn thronend das Landgericht in der Alten Bischofsresidenz und das Amtsgericht im Herberstein-Palais. Ausreißer sind das Arbeitsgericht an der Donau sowie im Neumarkt das Gefängnis im einst fürstbischöflichen Reitstall und das Grundbuchamt.

Landgericht: Die Alte Residenz gehört seit der Säkularisation 1803 dem Staat, ist seit 1879 das Landgericht. Zwei Zwischendecken unterteilen die Landgerichts-Pforte: Der oberste Teil ist seit 1966 der Sitzungssaal für Strafprozesse. Innseitig gegenüber hat der Präsident im alten Audienzzimmer sein Büro. Die Assistenten der Strafrichter arbeiten im „Schlafcabinet". Der Vizepräsident des Landgerichts sitzt im stuckreichen Büro im „Visitezimmer". Innseitig liegen auch die Säle für Zivilprozesse. Das Landgericht entscheidet ab 5.000 Euro Streitwert, 2009 waren das immerhin 1.129 Verfahren.

Amtsgericht: Präsidentenaufgabe ist die Dienstaufsicht über die 17 Richter der Behörde, die 20 Richter des Passauer und die vier des Freyunger Amtsgerichts. Dazu kommt das Verwalten des Grundbesitzes vom Landgericht, vom 1905 in das Herberstein-Palais in der Schustergasse ausgewanderten Amtsgericht und von der 2002 in den von der Kirche gemieteten Heinrichsbau am Domplatz emigrierten Staatsanwaltschaft. Das Amtsgericht ist von der Wiege bis zur Bahre und auch danach (Erbsachen) für die Einwohner von Stadt und Landkreis Passau zuständig. Zusätzlich ist es für die Freyunger Nachbarn Anlaufstelle in Zwangsversteigerungs-, Landwirtschafts-, Register-, Konkurs- und Haftsachen. Deshalb reicht das Palais samt Nebengebäuden nicht mehr aus. Nachdem die Filialen 1975 in Wegscheid, 2005 in Vilshofen und 2008 in Rotthalmünster aufgelöst und ins Passauer „Mutterhaus" integriert wurden, sind eine Filiale in der Heiliggeistgasse für Grundbuch und Erbschaften sowie eine weitere im Landgericht für Betreuungen und bestimmte Familiensachen zuständig.

Staatsanwaltschaft: Wieder innaufwärts findet man die Staatsanwaltschaft seit 2002 im Heinrichsbau. Sie wurde 1879 mit dem Landgericht gegründet. Zuständig sind die Staats-

Das Amtsgericht residiert in einem ehemaligen Domherrenhof.

anwälte für das Landgericht Passau sowie die Amtsgerichte Passau und Freyung. Im Drei-
ländereck mit Österreich und Tschechien und mit Zuständigkeit für eine 177 Kilometer
lange Staatsgrenze ist die Behörde auf funktionierende internationale Zusammenarbeit an-
gewiesen. Quer durch den Bezirk verläuft die A3, eine der größten Transitstrecken Europas.
Justizvollzugsanstalt: Für kurze Haftstrafen, Abschiebe-, Ordnungs- und Erzwingungshaft
gibt es die Justizvollzugsanstalt in der Theresienstraße. Der gesicherte Komplex aus dem
Jahr 1692 entstand aus dem fürstbischöflichen Reitstall von Kardinal Philipp von Lam-
berg und einer Wagenremise. Seit 27. April 1859 ist das Gebäude Justizvollzugsanstalt.
Seit den 1930er Jahren feilt man an einem Umzug, damals wollte man in die Neuburger
Straße/Stadtpark. Doch das Geld reichte nicht. Favorit ist nun Königschalding.
Seit 1978 ist das Passauer Gefängnis eine Filiale der Justizvollzugsanstalt Straubing.
Arbeitsgericht: Am linken Donauufer befindet sich das Arbeitsgericht, eines von elf
in Bayern. Das Metier ist von den Zivilgerichten abgetrennt, es geht immer um Streit
zwischen Arbeitnehmern und Arbeitgebern oder zwischen Tarifparteien. Die Richter
mit ihren Schöffen haben einen großen Bereich mit den Amtsgerichtsbezirken Passau,
Freyung, Eggenfelden und damit den Landkreisen (und Stadt) Passau, Deggendorf,
Freyung-Grafenau, Regen und Rottal-Inn. Die Außenkammer Deggendorf regelt Beschäf-
tigungsstreits in den Amtsgerichtsbezirken Deggendorf und Viechtach.

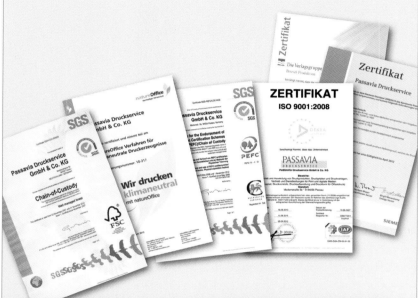

Sie schrieben Kabarettgeschichte: Sigi Zimmerschied (l.) und Walter Landshuter.

Kabarett

Wer sich für Kabarett interessiert, der kommt in Passau am Scharfrichterhaus nicht vorbei. Seit 1977 ist das Gebäude in der Milchgasse als Kleinkunst- und Kabarett-Theater bekannt – und war nicht zuletzt auch schon Auftrittsort des aus Passau stammenden und deutschlandweit bekannten Kabarettisten Bruno Jonas sowie seines Kollegen Sigi Zimmerschied. Der Scharfrichter hat hier nicht gewohnt. Tatsächlich verweist der Name auf die 1901 gegründete Münchener Kabarettistengruppe „Die elf Scharfrichter". Von 1200 bis 1400 wurde das Gebäude als Stadtgerichtsgefängnis genutzt, ab 1861 beherbergte es die Donaudampfschifffahrtsgesellschaft, später nutzte Bindermeister Josef Pärtl die Räume als Werkstatt. Das Scharfrichterhaus in Passau versteht sich selbst als „außerparlamentarische Opposition" – vor allem konservative Organisationen und Einrichtungen waren seit den 1970er Jahren nicht vor Spitzen gefeit. Das ließ sich die Obrigkeit nicht gefallen: Die Stadt Passau verhängte Auftrittsverbote, das Bistum Passau erstattete gar Anzeige wegen Gotteslästerung. Doch die Künstler um die Gründer Walter Landshuter und Edgar Liegl ließen sich davon nicht aufhalten. 1977 wurde das „Scharfrichterhaus" als Kleinkunstbühne offiziell gegründet. Bereits zwei Jahre später wurden zum ersten Mal die Passauer Kabaretttage veranstaltet, die die Kabarettbühne weit über Bayern hinaus bekannt machte. Seit 1983 wird das Scharfrichterbeil verliehen – ein bedeutender Nachwuchspreis für Kabarettisten. Sehenswert ist auch das Haus als solches: In einem der Räume befindet sich eine der schönsten Rokoko-Stuckdecken Passaus, der Innenhof mit mehrstöckigen Arkaden wurde aufwendig saniert.

Wild braust die Donau durch das Stauwehr – besonders bei Hochwasser ein Erlebnis.

Kachlet

Ursprünglich war mit Kachlet ein etwa 20 Kilometer langer Donauabschnitt oberhalb von Passau gemeint, den Schiffer als große Behinderung ansahen: Felsen und kleine Inseln behinderten dort die Schiffe auf ihrer Fahrt stromauf- und -abwärts. Der Rhein-Main-Donau-AG war dieser Abschnitt, der Zeit und Geld kostete, ein Dorn im Auge. So wurde von 1922 bis 1927 die Donau an dieser Stelle gestaut und ein Kraftwerk mit Doppelschleuse errichtet. Die Anlage staut den Wasserspiegel bis zu 9,2 Meter über Niedrigstwasser auf, damit ist für die Schifffahrt eine Mindestfahrwassertiefe von 2,5 Metern gewährleistet. Das Stauwehr ist 175 Meter lang, die sechs Öffnungen haben eine Breite von jeweils 25 Metern. Beide Kammern der Doppelschleuse sind 230 Meter lang und 24 Meter breit. Diese Größe macht es möglich, dass vier Schleppkähne und ein Zugschiff zugleich geschleust werden können. Vor dem Kraftwerk wird das Wasser auf elf Kilometern Länge gestaut, die Stadtwerke Passau beziehen einen Großteil des in der Stadt verbrauchten Stroms aus dem Kraftwerk. 320 Millionen Kilowattstunden werden hier im Jahr erzeugt. Im September 1925 fuhren erstmals Schiffe durch die Schleuse. Offiziell eröffnet wurde die Anlage allerdings erst am 1. Oktober 1927. Am 9. Mai 1933 war der Stausee Schauplatz der Havarie des Flugbootes Do X, das beim Landeanflug beschädigt wurde.

Kino

Kinogeschichte in Passau begann vor 100 Jahren mit einem Tonbildtheater am Unteren Sand, den späteren Promenaden Lichtspielen in dem Gebäude, das bis heute liebevoll ProLi genannt wird. Lange Zeit war es das modernste Kino der Stadt. Von 1979 bis 1993 gab es die drei Säle Donau, Inn und Ilz. Der indirekte Nachfolger Cineplex bietet acht Säle und jede Menge High-Tech. Für die provisorische Eröffnung des ProLi am 27. März 1910 warb der Münchner Schaustellungsunternehmer Carl Gabriel. Er pries die „Kinematographische Rundschau in Wort und Bild" an. Der Eintrittspreis betrug 30 bis 80 Pfennige. In den „goldenen Jahren" des Kinos gab auch Prominenz den Passauern die Ehre: so zum Beispiel Liselotte Pulver, der 1956 zur Präsentation von „Ich denke oft an Piroschka" ein großer Empfang bereitet wurde. 1968 beklagte die Passauer Neue Presse, dass die Stadt bald nur noch drei Kinos besitzen werde. Das Rathauslichtspiel wich der Donauuferstraße, das Batavia-Lichtspielhaus der Schanzlbrücke. Andere Kinos wie Capitol, Atlantik bzw. Filmstudio Ilzstadt sind den Passauern in guter Erinnerung. Geblieben sind das nostalgische Kino im Scharfrichterhaus und das zum Cineplex gehörende Metropolis.

Die Kapitelskapelle im Dom ist dem Bischof und dem Domkapitel vorbehalten.

Kirchen

Die Kirche spielt in Passau eine große Rolle. Schon vor 739 war die Stadt Bischofssitz. Passau ist Mittelpunkt der Diözese, der über 300 Pfarrgemeinden angehören. Auch für die evangelisch-lutherische Kirche bildet die Stadt den Mittelpunkt des Dekanats. In der Stadt selbst gibt es weit über 20 katholische Gotteshäuser, die regelmäßig für Gottesdienste genutzt werden. Dazu kommen zahllose Kapellen und weitere Gotteshäuser – von ganz groß bis ganz klein, von sehr alt bis ganz modern. Die wohl größte katholische Pfarrkirche, gemessen an der Länge des Kirchenraums und der Zahl der Sitzplätze, ist – nach dem Dom natürlich – St. Peter in der Neuburger Straße. Mit einer Länge von 56 Metern und einer Breite von 25 Metern bietet der Bau 650 Sitzplätze. Von 1963 bis 1965 wurde der parabelförmige Betonbau errichtet, der mit Ziegeln ummantelt ist. Verantwortlich für den Bau war Architekt Hans-Jakob Lill aus München, ausgestattet wurde die Kirche von Leopold Hafner aus Aicha vorm Wald. Einen bemerkenswerten Kontrast zur größten Kirche bildete die wohl kleinste Kapelle im Stadtgebiet. Die findet sich im Dom St. Stephan: Im Nebenbau über der Sakristei ist die so genannte Kapitelskapelle. Sie misst etwa vier mal sieben Meter und bietet gerade Platz für acht Stühle. Sie steht den acht Domkapitularen, dem Dompropst und dem Domdekan ebenso wie dem amtierenden Bischof und Altbischof zur Verfügung. In der Kapitelskapelle werden außerdem die Reli-

Beeindruckender Kirchenraum: die Stadtpfarrkirche St. Peter.

quien der Diözesanpatrone Valentin, Maximilian und Bruder Konrad aufbewahrt. Errichtet wurde sie im Zuge der Renovierung des Doms von 1972 bis 1980. Zwei markante Kirchenbauten prägen neben dem Dom und Niedernburg (siehe dort) die Altstadt. Da ist zum einen die stolze Bürgerkirche St. Paul, die sich gleich neben dem Dom prächtig behauptet. In der jetzigen Form ist sie ein Werk von Carlo Antonio Carlone, der sie nach dem Brand 1662 im Jahre 1678 wiederaufbaute. Und da ist zum anderen die – dem Besucher zumeist verschlossene – Jesuiten- oder Studienkirche, ein Gemeinschaftswerk, an dem mehrere Generationen der Familien Carlone ihre Meisterschaft zeigten. Zurück in die Frühzeit des Glaubens verweisen zwei ganz besondere Gotteshäuser: Die Friedhofskirche St. Severin in der Innstadt steht an der Stelle einer Basilika, die schon von Eugippius in seiner Lebensbeschreibung des hl. Severin von 511 erwähnt wird. Ein römischer Gedenkstein erinnert an den Zöllner Faustinus, der im 3. Jahrhundert nach Christus in der antiken Siedlung sein Auskommen suchte. Fast mystisch ist die Atmosphäre in der romanischen Krypta von St. Nikola, der heutigen Studentenkirche, mit eindringlichen Rötelmalereien aus der Zeit der Gotik. Unter den vielen weiteren Kirchen und Kapellen im Zentrum seien hier nur mehr zwei erwähnt, für deren Besuch etwas Glück vonnöten ist. Die ins heutige Seniorenheim integrierte gotische Spitalkirche St. Johann am Rindermarkt sowie die St.-Anna-Kapelle in der Heiliggeistgasse, deren prächtiges Renaissance-Chorgewölbe im Rahmen von Kunstausstellungen zu bewundern ist.

Klima

Die Flüsse beherrschen nicht nur das äußere Bild Passaus, auch das Klima hängt eng mit dem Wasser zusammen. Nebel liegt oft noch über der Innenstadt, während die Hügel rundherum schon frei sind. Hochwasser sind für den Passauer gewohnte Ereignisse wie Schneebretter für den Alpenbewohner. Hochwasser hat bislang vor allem im Sommer Saison, das könnte sich jedoch ändern: Klimaexperten sehen einen Trend, dass die Sommer trockener werden und die Winter nasser. Die Folge wäre Niedrigwasser in der warmen Jahreszeit, was sich auf Kraftwerke und Schifffahrt auswirken könnte. Sinken die Flusspegel, können die Schiffe nicht mehr voll beladen werden.

Verstärkt wird diese Entwicklung durch den Inn, der sich zum Teil aus Gletscherwasser speist. In 50 Jahren dürften aber fast alle Alpengletscher verschwunden sein und damit auch ihre Schwemmwirkung. Die sorgt nämlich bislang dafür, dass Wasser zu einer Zeit kommt, in der es herzlich willkommen ist, nämlich im Spätsommer. Auch die Donau ist ein empfindliches Wesen: Das Forschungsprojekt „Danubia" beschreibt, wie anfällig der Strom ist durch den enormen Höhenunterschied von 4.000 Metern in seinem Einzugsgebiet.

Klinikum

Das Klinikum Passau ist nicht nur die erste Adresse für ärztliche Versorgung in der Region. Das Klinikum ist auch der zweitgrößte Arbeitgeber der Region mit 1.650 Beschäftigten. In 630 Betten werden die Patienten versorgt. 30.000 sind es im Jahr. Die Zahl der Operationen liegt bei 16.000. Gut 1.500 Babys kommen im Klinikum zur Welt. Mehr als 300-mal im Jahr landet der Rettungshubschrauber und bringt einen Notfall. Der Gesamtumsatz des Klinikums liegt bei 120 Millionen Euro im Jahr. In 18 Fachabteilungen sind 220 Ärzte beschäftigt. Es gibt 800 Schwestern und Pfleger und 200 Mitarbeiter im medizinisch-technischen Bereich. Das Klinikum bietet ein Darmzentrum, ein Onkologisches und ein Traumazentrum, ein Gefäßzentrum, die Lehrklinik für Ernährungsmedizin und ein Perinatalzentrum, das eng mit der Kinderklinik zusammenarbeitet. Außerdem gibt es ein Oberzentrum für Hartstrahltherapie, was sonst nur Uni-Kliniken vorweisen können, sowie das Herzzentrum für Niederbayern. Seit 2006 ist dem Klinikum ein Medizinisches Versorgungszentrum angegliedert, mit den Fachrichtungen Radiologie, Chirurgie, Orthopädie, Innere Medizin, Anästhesie und Neurologie. Kinder und Jugendliche werden in der Kinderklinik Dritter Orden behandelt. In der

Erste Adresse für ärztliche Versorgung: das Klinikum.

Schießgrabengasse, der heutigen Europabücherei, sind viele Passauer geboren. Heute ist die Kinderklinik neben dem Klinikum angesiedelt und ein hochmodernes Kompetenzzentrum mit Neugeborenen-Intensivstation, psychosomatischer Einheit und Schlaflabor. Dialysepatienten betreut zusammen mit dem Klinikum das KfH-Nierenzentrum. Im Januar 2009 beschloss der Bezirksausschuss zudem die Einrichtung einer psychiatrischen Fachklinik. Die Klinik Passau Kohlbruck der Deutschen Rentenversicherung Bayern Süd ist ein anerkanntes Rehazentrum für Verdauungs- und Stoffwechselkrankheiten, Onkologie, Diabeteserkrankungen und ambulante Orthopädie.

Klostergarten

Der Klostergarten, benannt nach dem früheren Garten des Klosters St. Nikola, ist Teil der Neuen Mitte. Wo früher auf dem Exerzierplatz Autos parkten, wurde in den Jahren 2007 und 2008 eine 7.670 Quadratmeter große Gartenfläche gestaltet, drei Viertel davon sind begrünt. Beliebt sind die Wasserspiele: „Wasser in Bewegung", ein Springbrunnen mit Lichteffekten, sowie „Wasser in Ruhe", ein Wasserlauf am Stadtturm entlang der Cagnes-sur-Mer-Promenade. Unter dem Garten verläuft der Eisenbahntunnel.

Zum neuen Wirtschaftszentrum hat sich der Stadtteil Kohlbruck entwickelt.

Kohlbruck

Früher war es das Bundeswehrgelände in Passau, heute befindet sich dort eines der modernsten Messe- und Veranstaltungszentren Bayerns: Kohlbruck hat eine unglaubliche Entwicklung vollzogen. Der Name „Kohlbruck" stammt Erzählungen nach von „verkohlten Brücken" ab: Waldarbeiter legten entlang ihrer Wege angekohlte Holzrundlinge aus Eiche, damit sie über versumpfte und schlammige Stellen im Bereich des Scheuereckerbaches gelangen konnten. Über Jahrzehnte wurde dieses Gelände von der Bundeswehr genutzt. 1992 dann legte die Akademie für Städtebau und Landesplanung ein Gutachten zur künftigen Nutzung vor. Mit „Städtebaulichen Entwicklungsmaßnahmen" schuf die Stadt die Voraussetzung zur Umsetzung ihrer Planungen. Im Dezember 1994 kaufte die GGPmbH (seit 2006 WGPmbH) das Gelände. Dort entstanden in den folgenden Jahren neue Gewerbeflächen, auf denen im Jahr 2010 110 Unternehmen 1.900 Menschen einen Arbeitsplatz boten. Eine Park-and-Ride-Anlage bietet rund 800 Stellplätze. 1998 wurde mit der Errichtung eines Wohnparks, angrenzend an das „Landschaftsschutzgebiet Kohlbruck", begonnen. Rund 180 Wohneinheiten in Reihen-, Doppel- und Einfamilienhäusern wurden dort geschaffen. Ein Jahr später wurde das Passauer Erlebnisbad peb fertiggestellt, ebenfalls 1999 das große Konferenzzentrum. Das Messeparkhaus konnte 2003 eröffnet werden, die Bauarbeiten an der „Eisarena" fanden im gleichen Jahr ihren Abschluss. 2004 wurde der Messepark Kohlbruck eröffnet, ein Jahr später das Hallenbad peb mit Balineum.

Konzerthaus

Ein Europäisches Haus als Konzerthaus war der eigentliche Anlass des Projekts Neue Mitte. Alles andere von der neuen Verkehrsführung über die Kaufhäuser und den Park bis zum Zentralen Busbahnhof hätte nur das Drumherum sein sollen. Das Drumherum wurde verwirklicht, das Konzerthaus blieb ein Traum. Als es auf dem letzten freien Fleck noch hätte gebaut werden sollen, sagte die Mehrheit Nein. Beim Bürgerentscheid am 21. Oktober 2007 stimmten 6.800 Passauer gegen das Konzerthaus, 5.600 dafür. Der Platz wurde nicht mehr als ideal angesehen, das Betriebskonzept erschien nicht schlüssig und die finanzielle Belastung nicht tragbar. Die Bürgerinitiative Konzerthaus hat den Traum aber nicht aufgegeben.

Krems

Die niederösterreichische Donaustadt mit ihren rund 25.000 Einwohnern ist seit 1974 offizielle Partnerstadt, die jahrhundertealten Beziehungen wurden somit gleichsam auf eine offizielle Basis gestellt. Krems ist groß geworden durch den Weinbau, doch hat sich inzwischen auch eine Reihe von Industriebetrieben angesiedelt. Die Deutsch-Österreichische Gesellschaft, Freundeskreis Passau – Krems, die mittlerweile etwa 500 Mitglieder zählt, sorgt für einen lebhaften Austausch.

Kulturmodell

Ateliers, Ausstellungs- und Veranstaltungsräume in der Bräugasse 9. Hier treffen sich Künstler zum internationalen Austausch, das Haus bietet Wohnraum für Gäste und Platz zum Arbeiten.

Lamplbruderschaft

Die Liebfrauen Schiffleut und Salzfertiger Bruderschaft gilt als die älteste noch beste-
hende deutsche Bürgervereinigung. Sie blickt auf eine 700-jährige Tradition zurück, der
Name erinnert an Magnus Lampl, der 1604 der Bruderschaft einen Jahrtag mit Umtrunk
stiftete. Die Mitgliedschaft wird nur demjenigen verliehen, der „sich um Passau verdient
gemacht hat". Neben der Geselligkeit steht heute das soziale Engagement im Mittelpunkt.

Landratsamt

Das Landratsamt Passau ist zuständig für rund 187.600 Einwohner in 38 Gemeinden um
Passau. Der Landkreis hat eine Fläche von 1.530,28 Quadratkilometern. Das Dienstgebäude am Domplatz in der heutigen Form wurde am 15. Mai 1981 eingeweiht. Weitere
Dienstgebäude gibt es in Auerbach und Patriching, Fürstenzell und Salzweg, dazu kommen weitere Standorte im Landkreis für Bauhöfe und Zulassungsstellen.

Das Landratsamt am Domplatz, im Vordergrund eine Plastik des Bildhauers Fritz Koenig.

Ernte über den Dächern von Passau.

Landwirtschaft

Landwirtschaft spielt in Passau heute eine eher untergeordnete Rolle. Trotzdem: Die Bauern prägen nicht nur das Landschaftsbild rundum, sie haben auch an der Innstraße ein wichtiges Zentrum, das einem Verein gehört, wie es ihn nur in Passau gibt: dem Landwirtschaftlichen Bezirksverein, dem wohl reichsten Verein der Stadt. Bezirksvereine entstanden 1842 überall in Bayern – im Auftrag des Königs, der dadurch laut Chronik das Wissen und die Ausbildung der Bauern fördern und unterstützen wollte. 1872 gründeten die Landwirtschaftlichen Bezirksvereine Passau, Griesbach und Wegscheid zusammen mit der damaligen Kreisregierung von Niederbayern die Landwirtschaftsschule Passau. Für den Unterricht, der anfangs immer im Winter stattfand, wurden verschiedene Räume der Stadt gemietet. 1931 bekam der Verein für 110.000 Goldmark das frühere Garnisonslazarett angeboten. Die Familien Koller, Hirschenauer und Escherich bürgten mit ihrem Privatvermögen und der Verein griff zu. Doch schon 1933 wurde er unter den Nationalsozialisten enteignet und aufgelöst. Es dauerte bis 1949, bis der wiederbegründete Verein die Immobilie an der Innstraße zurückbekam. Der Verein sanierte die heruntergekommenen Gebäude und eröffnete im Oktober des gleichen Jahres die Schule, für die ab 1954 der Landkreis Passau die Trägerschaft übernahm. Seitdem ist der Verein Haus- und Grundstücksverwalter, Vermieter, Investor und Unterstützer landwirtschaftlicher Aus- und Fortbildung. Der Reichtum des Vereins begründet sich durch die Immobilien mit 5.700 Quadratmetern Bürofläche auf dem 20.000 Quadratmeter großen Areal an der Passauer Innstraße nahe dem Klinikum.

Leopoldinum

Das Leopoldinum ist eines von vier Passauer Gymnasien. Der Name geht zurück auf den Gründer des Gebäudes, Fürstbischof Erzherzog Leopold. Im Jahr 1612 holte dieser die Jesuiten nach Passau, deren Aufgabe darin bestand, das Bildungswesen zu verbessern und die Gegenreformation voranzutreiben. Zu diesem Zweck gründete der Erzherzog zusätzlich 1622 eine theologische Hochschule. Das heutige Schulgebäude diente damals als Kollegiengebäude, wohingegen der Unterricht in anderen Räumen in der näheren Umgebung stattfand. Geändert hat sich das erst 1803, als das Land Bayern nach der Säkularisation die Schule übernahm. Sie wechselte daraufhin mehrmals ihren Namen und es dauerte noch bis 1965, bis sie in „Leopoldinum" umbenannt wurde. Seine heutige quadratische Form hatte das „Leo", wie es von den Passauern genannt wird, übrigens nicht von Anfang an: 1664 wurde die Dachkonstruktion des Bauwerks, das bei dem Stadtbrand zwei Jahre zuvor stark beschädigt worden war, grundlegend verändert. Heute ist das Gymnasium sprachlich-humanistisch ausgerichtet. Neben dem Fremdsprachenunterricht stehen die künstlerisch-musischen Fächer im Mittelpunkt, doch auch naturwissenschaftlich Interessierte sind hier gut aufgehoben.

Liuzhou

Liuzhou, Partnerstadt seit 2001, liegt im Südwesten Chinas, im autonomen Gebiet Guangxi Zhuang. Die Großstadt mit über 800.000 Einwohnern allein im Stadtgebiet (insgesamt ca. 1.7 Mio.) ist eine multikulturelle Stadt mit 2.000-jähriger Geschichte, die neben der größten Bevölkerungsgruppe der Han noch für 33 Minderheiten Heimatstadt ist. Heute ist Liuzhou Wirtschafts- und Industriezentrum. Zu den modernsten Unternehmen gehört ein Joint Venture-Unternehmen der Zahnradfabrik Passau GmbH und der Guangxi Liugong Machinery Company Ltd., das hauptsächlich Radlader und Achsen herstellt. Gepflegt wird die Partnerschaft von der Deutsch-Chinesischen Gesellschaft.

Lurago, Carlo

Der italienische Architekt (1615–1684) leitete ab 1668 den Wiederaufbau des Doms. Zuvor hatte er vor allem in Böhmen gewirkt.

Malaga

Die Städtepartnerschaft mit Malaga im Süden Andalusiens an der Südspitze Spaniens, der Costa del Sol, wurde 1987 begründet. Die Stadt mit phönizischen und römischen Wurzeln ist heute Hauptstadt der gleichnamigen Provinz- und Universitätsstadt und hat mehr als 500.000 Einwohner. Besonders eng ist die Partnerschaft zwischen den beiden Universitäten, die rührige Deutsch-Spanische Gesellschaft organisiert regelmäßige Besuche.

Mariahilf

Die Klosterkirche Mariahilf, hoch droben über der Stadt, ist ein prächtiges Bauwerk mit wertvollen Kunstschätzen. Francesco Garbanino erbaute die Wallfahrtskirche, die 1627 fertiggestellt wurde. Im folgenden Jahr fügte man eine gedeckte Wallfahrtsstiege an. Der Hochaltar wurde 1729 aufgestellt, er zeigt das vielverehrte Gnadenbild, eine Kopie nach dem in Innsbruck befindlichen Bild von Lukas Cranach d. Ä. Ein außergewöhnliches Kunstwerk ist die siebenarmige Kaiserampel, eine von Kaiser Leopold I. gestiftete Goldschmiedearbeit. Sie war das Hochzeitsgeschenk des kaiserlichen Ehepaares Leopold I. von Habsburg und Eleonora von Pfalz-Neuburg an die Stadt, als sie 1676 hier in Passau ihre Hochzeit feiern konnten. Mit dem Kampfruf „Jesus und Maria hilf" ging das Ersatzheer in die Entscheidungsschlacht am Kahlenberg. Das Kapuzinerkloster wurde 1610 von Georg Graf von Sinzendorf, Statthalter von Böhmen und Besitzer der Grafschaft Neuburg am Inn, am Fuße

Die Wallfahrtskirche Mariahilf wurde 1627 fertiggestellt.

des Mariahilfbergs erbaut. Es wurde nach der Aufhebung ebenso wie die dazugehörige Kirche schnell zur Ruine, ein Flügel wurde noch als Irrenhaus benutzt. Heute ist von der ganzen Anlage nichts mehr zu sehen. Die Wallfahrtskirche auf dem Berg allerdings ist bis heute Ziel der Pilger, täglich beten Gläubige auf der Wallfahrtsstiege.

Marienbrücke

Zwischen Stadttheater und Kirchenplatz in der Innstadt ist sich wohl nur so mancher Tourist bewusst, dass er beim Überqueren des Inns auf noblen historischen Spuren wandelt: Passaus einzige befahrbare Verbindung zum rechten Innufer gehört zur Straße der Kaiser und Könige zwischen Frankfurt und Budapest. Dieser Herrscherweg führt über Regensburg, Straubing und Passau. Denn seit dem zwölften Jahrhundert gibt es an dieser Stelle Passaus Inn-Überwege. Die Vorvorgängerin der heutigen Brücke wurde 1846 errichtet, Ende 1947 wurde der Flussüberweg auf Fachwerkträgern freigegeben. Die heutige gut zwölf Meter breite Konstruktion auf zehn Pfeilern stammt aus dem Jahr 1976, der Stahlüberbau feierte 2010 sein 40. Jubiläum. Die Stadt hat sich eine Generalüberholung 2009/2010 fast eine halbe Million Euro kosten lassen. Jeden Tag rollen mehr als 18.000 Fahrzeuge über die Marienbrücke. Hätte der Bayerische Landtag nicht vor über einem halben Jahrhundert schon jeglichen Brückenzoll für rechtswidrig erklärt, könnte die Stadt mit der Marienbrücke das eine oder andere Loch im Stadtsäckel stopfen. Das hatte der Stadtrat aber schon 1948 vergeblich probiert.

Die Marienbrücke ist die einzige Autoverbindung zur Innstadt.

Maxbrücke

Die Maxbrücke überspannte seit 1823 die Donau, bis sie durch die 1970 neu gebaute Schanzlbrücke ersetzt wurde. Am früheren Brückenkopf am Ende der Wittgasse befindet sich heute eine Treppe hinab zur Donaulände.

Max-Denkmal

Das Denkmal von König Maximilian I. Joseph steht an prominenter Stelle am Domplatz. 1824 wurde es zur Feier seiner 25-jährigen Regierung errichtet. Den Passauern ist es wegen der ausgestreckten Hand als „Regenprüfer" bekannt. Die Geistlichkeit und viele Bürger betrachteten die Aufstellung des Denkmals als Affront gegen die Kirche, war doch erst 21 Jahre zuvor die Ära der Fürstbischöfe zu Ende gegangen und Passau bayerisch geworden.

Der „Regenprüfer", so nennen die Passauer scherzhaft das Denkmal auf dem Domplatz.

Mollnhof

So nennt sich das Gewerbegebiet, das sich an der Vornholzstraße Richtung Kohlbruck entwickelte. Der fürstbischöfliche Pfleger Wolfgang Friedrich Moll hatte sich hier um 1560 ein Landhaus errichten lassen, vermutlich von dem italienischen Architekten Bernardino. Ein Halbwalmdach bedeckt den zweigeschossigen Renaissancebau. Nach einigen Umbauten im 19. Jahrhundert wurde 1999 das Gebäude umfassend renoviert, heute wird es als repräsentatives Bürogebäude genutzt.

Montecchio Maggiore

Seit 2003 hat Passau durch Vermittlung der Deutsch-Italienischen Gesellschaft eine Partnerstadt in Italien. Montecchio Maggiore im Herzen der norditalienischen Region Veneto hat etwa 21.000 Einwohner und erstreckt sich über eine Fläche von 3.068 Quadratkilometern. Die Stadt, im Jahre 1100 erstmals erwähnt, gilt als die reichste Kommune Italiens und eine der am meisten industrialisierten Gemeinden in Europa. Um die Partnerschaft kümmert sich vor allem die 1993 gegründet Deutsch-Italienische Gesellschaft. Aus kleinen Anfängen wie Italienischkursen hat sich inzwischen ein reges Vereinsleben entwickelt, mit einem Schüleraustausch, Konzertveranstaltungen, Kunstausstellungen und regelmäßigen Besuchen in der Partnerstadt.

Mozart

Der Komponist Wolfgang Amadeus Mozart (1756–1791) zählt zu den berühmtesten Gästen der Stadt. Als Sechsjähriger kam er 1762 mit den Eltern und Schwester Nannerl nach Passau, wo er nach fünftägigem Warten dem Fürstbischof Joseph Graf von Thun vorspielen durfte; der Herr Papa war allerdings ziemlich enttäuscht über die mickrige Entlohnung. Wo die Familie logiert hat, ist den Historikern nicht bekannt, eine Gedenktafel beim heutigen Café Kowalski beruht wohl auf einem Missverständnis. Zusammen mit dem Passauer Domherrn Herberstein fuhren die Mozarts mit dem Schiff schließlich weiter Richtung Linz.

Mühlen

Mühlen prägten einst das Bild der Dreiflüssestadt. Die Schiffmühlen, so schreibt Heinz Kellermann in „Schifffahrt, Fähren und Schiffmühlen auf dem Inn in Passau", waren unterhalb der Innbrücke nahe am rechten Ufer verankert und sind 1160 erstmals genannt. Es gab sie bis 1875 und sie hatten sogar eigene Hausnummern. Sie hatten im Lauf der Jahrhunderte immer wieder mit widrigen Verhältnissen zu kämpfen. Einmal war das Wasser zu hoch, einmal zu niedrig, dann wieder zertrümmerte gar Eis die Schiffmühlen oder riss sie einfach mit. Mühlen gab es natürlich auch entlang der Bäche. Entlang des Mühlbachtals standen sieben Mühlen: Bei einem Hochwasser 1832 gab es Tote und auch 1923 kam es zu großen Überschwemmungen. Daraufhin wurde das Bett des Wildbaches ausgebaut. Mühlbach heißt der Bach, an dem ebenfalls eine Mühle stand. Er entspringt zwischen Vollerding und Niedernhart und fließt bei Schalding links in die Donau. In Hals und in Auerbach erinnern ein Mühlweg beziehungsweise auch eine Mühlengasse, in Hacklberg ein Aumühlweg an Mühlen. Dann gibt es da noch die Oberilzmühle und die Gaißamühle. Letztere wurde bereits 1150 erstmals urkundlich erwähnt. Bis 1900 wurde dort Papier hergestellt.

Museen

Passau hat eine Reihe sehenswerter Museen. Das außergewöhnlichste ist sicher das Museum Moderner Kunst in der Bräugasse. Der Passauer Architekt und Kunstmäzen Hanns-Egon Wörlen hat es gestiftet. Grundlage der Sammlung bildet unter anderem das Werk des Malers Georg Philipp Wörlen, Vater des Museumsstifters. Regelmäßig wechselnde Ausstellungen berühmter Künstler sorgen überregional für Interesse. Eine Besonderheit ist das Glasmuseum des Unternehmers Georg Höltl, der mit Leidenschaft dessen stete Weiterentwicklung vorantreibt.

Die Veste Oberhaus beherbergt unter anderem das Historische Stadtmuseum und die Gemäldegalerie. Den vielfältigen Abteilungen sind auch ein Böhmerwald- sowie ein Feuerwehrmuseum angegliedert. Bedeutende Schätze birgt das Domschatz- und Diözesanmuseum: Meisterwerke romanischer bis barocker Kunst. Der Weg dorthin führt über den Dom. Einen umfassenden Einblick in die Siedlungsgeschichte Passaus bietet das Römermuseum.

Napoleon I. Bonaparte

Der Feldherr (1769–1821), der die politische Landschaft Europas so entscheidend verän-
derte, war zweimal zu Besuch in Passau. Am 27. Dezember 1805 war er einige Stunden
in der Theresienstraße 14 und sprach dabei über den Ausbau der Veste Oberhaus. Vom
18. bis 20. Oktober 1809 übernachtete er in der Neuen Residenz und war ziemlich unge-
halten über die seiner Ansicht nach mangelhafte Stadtbefestigung.

Neumarkt

Der Stadtteil befindet sich westlich der Altstadt hinter dem Paulusbogen und dem
Ludwigsplatz. Dort fanden im Mittelalter Handwerker ihren Platz, die in der Altstadt
nicht zugelassen waren. Auch heute noch ist der Neumarkt zwischen Rindermarkt und
Neuer Mitte das Geschäftszentrum der Passauer.

Neue Mitte

Unter Neue Mitte verstehen die Passauer die Fläche zwischen Löwenbrauerei, Nikola-kloster und Nikolastraße sowie einen Teil der Bahnhofstraße. Für die Fläche des früheren Exerzierplatzes mit der Nibelungenhalle und das Lokschuppenareal war lange an einem gemeinsamen Konzept von öffentlicher Hand und privaten Investoren gearbeitet wor-den – begleitet von heftigen Diskussionen und Bürgerbefragungen. Bis 2008 wurden in der Neuen Mitte rund 250 Millionen Euro verbaut. Auf dem früheren Lokschuppenareal steht heute ein Einkaufszentrum mit einer Einkaufsfläche von 18.500 Quadratmetern. In direkter Nachbarschaft ließ die Stadt den Zentralen Omnibusbahnhof (ZOB) errichten und auf dem ehemaligen Gelände der Nibelungenhalle entstand der Stadtturm mit einer Höhe von 38 Metern und neun Etagen, das nach Geschossen höchste Gebäude Passaus. Zum Gebäudekomplex zählen zudem das angrenzende Büro- und Geschäftshaus so-wie ein Einkaufs- und Kinocenter. Ursprünglich als zu nüchtern und kahl kritisiert, er-freut sich der Klostergarten als Verbindung zur Universität zunehmender Beliebtheit.

Der umgestaltete Ludwigsplatz ist Teil der Neuen Mitte.

Nibelungen

Ein Volksstamm aus der germanischen Heldensage, Hauptpersonen eines literarischen Dramas – und bis heute allgegenwärtig in Passau, einer Stadt, in der Königin Kriemhilds Onkel Pilgrim laut Sage Bischof war und in der die überlieferte Fassung des Nibelungenlieds aufgeschrieben wurde. Zu Beginn des 13. Jahrhunderts ist dieses Epos entstanden und hinter dem Verfasser wird ein Dichter aus dem Umfeld des Passauer Bischofs Wolfger von Erla (1191–1204) vermutet. In dessen Reiserechnungen findet sich eine Notiz vom 3. November 1203, dass dem Spielmann Walther von der Vogelweide Geld für einen Pelzmantel ausgezahlt wurde. Im Großen Rathaussaal hat der Passauer Historienmaler Ferdinand Wagner um 1891 die westliche Saalwand mit Szenen aus dem Nibelungenlied geschmückt, über dem Rathausportal findet sich ein weiteres Gemälde – Donaunixen warnen Hagen von Tronje, die Donau zu überqueren. Viele Straßen erinnern an die Nibelungen: Etwa die Kriemhildstraße, die in der Innstadt – wie sollte es auch anders sein – von der Siegfriedstraße abzweigt. Ob Kriemhild tatsächlich dort entlanggezogen ist, lässt sich nicht nachvollziehen. Und von der Kreuzung Schießstattweg/Auerspergstraße bis zur Kreuzung Neuburger Straße/Schillerstraße führt die Nibelungenstraße in Richtung Stadtmitte.

Nibelungenhalle

Seit 2004 gehört die Nibelungenhalle auf dem Kleinen Exerzierplatz der Geschichte an. Auf dem „Kleinen Exerzierplatz" entstand Mitte der 1930er Jahre eine Veranstaltungshalle, die noch 1968 als größte ihrer Art zwischen Nürnberg und Wien galt. Spatenstich für den Bau war am 15. Mai 1934. Ab 1975 verlegte die CSU ihren Politischen Aschermittwoch aus dem Wolferstetterkeller in Vilshofen in die Nibelungenhalle, die vor allem durch Franz Josef Strauß und seine legendären Auftritte große Bekanntheit erlangte. 2004 wurde das Bauwerk abgerissen, um Platz für die „Neue Mitte" zu schaffen. So mancher Passauer trauert ihr nicht nach. Immerhin war die Halle von außen gar nicht mehr schön anzusehen. Und: NPD und DVU hatten sie als Versammlungsort auserkoren und damit an die „braune Geschichte" der Halle angeknüpft.

Das Niederhaus ist seit 1890 in Privatbesitz.

Niederhaus

Die Burg am Dreiflusseck befindet sich seit 1890 in Privatbesitz. Sie gehörte unter anderem dem Historienmaler Ferdinand Wagner, der Niederhaus 1907 angeblich aus Ärger
über den Bau der Hängebrücke weiterverkaufte. Wann es hier an der Mündung der
Ilz erstmals eine Befestigung gab, ist nicht geklärt. Sicher ist, dass das Niederhaus im
Lauf der Jahrhunderte die verschiedensten Funktionen hatte, von der Mautstelle bis zur
Herberge für arme Pilger. Nach einem Brand baute Fürstbischof Leonhard von Laiming
1435 das Niederhaus wieder so auf, wie es heute steht. Das Schloss mit seinem säulen-
gestützten Rittersaal sowie zwei Burgkapellen diente zu dieser Zeit als sichere Neben-
residenz der Bischöfe. Im 17. Jahrhundert wurde das Niederhaus Gefängnis für wider-
spenstige Geistliche und „Personen von Stande", später wurde es zum Arbeits- und
Zuchthaus, das um einen neunstöckigen Strafturm erweitert wurde. Unter Napoleon
wurde dieser wieder „gestutzt", um die Burg militärisch besser nutzen zu können.

Glaubenstradition: das Kloster Niedernburg, im Hintergrund der Dom.

Niedernburg

Es ist Realschule und Gymnasium, Kloster und Veranstaltungsort, altehrwürdiges Gebäude und Grab einer ungarischen Königin: Eine interessante Geschichte verbirgt sich hinter Niedernburg. Eine Geschichte, die bis ins frühe achte Jahrhundert zurück-reicht: Um 730 wurde das Kloster gegründet. Erstmals wird es 888 urkundlich er-wähnt – als „Kloster der Hl. Maria in Passau". Im Jahr 1010 wurde Niedernburg zur kaiserlichen Reichsabtei erhoben, wie aus Schenkungsurkunden von Kaiser Heinrich II. hervorgeht.

Die wohl berühmteste Persönlichkeit beherbergte Niedernburg ab 1045: Zu diesem Zeitpunkt trat die Ungarnkönigin Gisela in die Benediktinerinnenabtei ein. Gisela wurde um 985 als Tochter des bayerischen Herzogs Heinrich des Zänkers und seiner Frau Gisela von Burgund in Regensburg oder Bad Abbach geboren. Sie war die erste christliche Königin Ungarns und hatte sich nach ihrer Heirat mit Stephan große Ver-dienste um das christliche Leben in Ungarn erworben. Allerdings wurde sie später aus dem Land vertrieben und starb der Überlieferung nach um das Jahr 1060 als Äbtissin des Klosters Niedernburg. Bereits kurz nach ihrem Tod setzte die Verehrung Giselas ein. Heute ruhen in einem gläsernen Schrein über dem Hochgrab goldverziert der Kopf und die Hauptgebeine der Seligen. Ihr Grab ist Ziel vieler Besucher, vor allem aus Ungarn und Osteuropa. Das Bistum Passau verehrt Gisela als Selige. Ihr Festtag ist der 7. Mai, ihr angenommener Todestag. Allerdings ist das Fest ein sogenanntes Eigenfest des Bistums Passau, das heißt, in anderen Bistümern wird Gisela nicht in dieser Form verehrt. Rom bestätigte 1975 offiziell diese Form der Verehrung. Selig- oder heiliggesprochen nach einem kirchlichen Verfahren wurde Gisela bisher nicht. 1995 ist das Giselagrab in Niedernburg auf Bitte des damaligen Erzbischofs von Veszprém (Ungarn), Jozsef Szendi, geöffnet worden. Die Erhebung der Gebeine ist auch formaler Teil eines Heiligsprechungsverfahrens. Während der wissenschaftlichen Untersuchungen wurde zweifelsfrei festgestellt, dass es sich um das Grab der Seligen handelt und die Gebeine von der einstigen Äbtissin in Niedernburg stammen. Dies bestätigt eine Urkunde, die jenen Gebeinen beigegeben wurde, die im ursprünglichen Grab wieder bestattet sind. Im Jahr 1161 übergab Kaiser Friedrich Barbarossa das Kloster Niedernburg an den Passauer Bischof. Die Hauptkirche „Heilig Kreuz", eine Pfeilerbasilika des 11. bis 13. Jahrhunderts, erinnert an diese Zeit. Unbedingt sehenswert sind die Reste der einstigen St.Marien-Kirche: Die in der ehemaligen Kirchenvorhalle aufgedeckten Fresken sind ein Schatz der Romanik, der nun wieder der Öffentlichkeit zugänglich gemacht werden soll.

Niedernburg blieb auch von schrecklichen Ereignissen nicht verschont: So fielen die Klosteranlagen den großen Stadtbränden in Passau 1662 und 1680 zum Opfer. Die Gebäude wurden völlig zerstört. Bis auf den „Schwarzen Christus" über dem heutigen Hochaltar und die Maria-Schutz-Madonna, die Wallfahrtsstatue in der Maria-Schutz-Kirche, verbrannte alles. Die Nonnen lebten kurze Zeit in Linz, kehrten aber wieder nach Passau zurück, wo sie allerdings den früheren Wohlstand des Klosters nicht mehr erreichen konnten. Im Jahr 1806 wurde das Benediktinerinnenstift durch den König von Bayern aufgelöst. 1836 übergab König Ludwig I. von Bayern die Klostergebäude an die „Englischen Fräulein" (Maria-Ward-Schwestern), die dort eine Mädchenschule einrichteten. Eine Unterbrechung in der Lehrtätigkeit gab es nur während des Zweiten Weltkriegs, am 4. Dezember 1945 nahmen die „Englischen Fräulein" den Schulbetrieb in der Mädchen-Oberschule wieder auf. 1948 wurde die Mittelschule für Mädchen eröffnet. Ihren Namen – Gisela-Gymnasium und Gisela-Realschule – bekamen die beiden Schulen im Jahr 1966. Bis heute werden die Schülerinnen in den beiden Schulen in der Tradition von Maria Ward unterrichtet.

Idylle mitten in der Stadt: der Garten des Nikolaklosters.

Nikolakloster

Bischof Altmann errichtete um 1070 an einer Überfuhr am Inn das Augustiner-Chorher-renstift. Um 1230 kam es unter die Landeshoheit der bayerischen Herzöge und führte ein von der Stadt Passau völlig abgeschlossenes Eigenleben. Während der Säkularisation wurden 1803 die Ordensleute vertrieben. 1806 diente das Kloster unter anderem als Mi-litärkrankenhaus für die Soldaten Napoleons, war lange Zeit Kaserne. Der Klostergarten mit französischem Park wurde eingeebnet und zum Exerzierplatz hergerichtet. Nach dem Krieg 1945 kamen Deutschordensschwestern aus aufgelösten Lazaretten im Osten und betreuten in St. Nikola kranke Flüchtlinge. Von Passau aus gründeten die Schwe-stern weitere Niederlassungen, vor allem im süddeutschen Raum. Ein Teil von Sankt Ni-kola dient seitdem als Zentrum und Mutterhaus der Deutschordensschwestern. Heute befinden sich in den früheren Klostergebäuden Teile der Philosophischen Fakultät der Universität Passau. Die Klosterkirche St. Nikola wurde nach einem Erdbeben 1348 im go-tischen Stil wieder aufgebaut. Die 1815 wegen Baufälligkeit abgerissene Turmspitze wurde 1993 wiederhergestellt.

Nonnengut

Nach dem „Großen Stadtbrand" von 1662 waren sämtliche Klostergebäude Niedernburgs mit allen drei Kirchen (Klosterkirche, Maria-Schutz-Kirche und Marienkirche) in Schutt und Asche versunken. Bis auf den „Schwarzen Christus" über dem Hochaltar und die Maria-Schutz-Madonna verbrannte alles. Die Nonnen lebten kurze Zeit in Linz, kehrten aber 1663 wieder nach Passau zurück. In diesem Jahr ließ die Äbtissin Maria Cunigunda das Nonnengut als Zufluchtsstätte bauen. 1806 wurde das Benediktinerinnenstift Niedernburg durch den König von Bayern aufgelöst, das Nonnengütl verkauft. Bis 1925 wechselten die Besitzer 25-mal. Am 28. Juli 1925 ging das Anwesen dann in den Besitz der Salvatorianer über. Sie nahmen viele Um- und Ausbaumaßnahmen vor, auch eine Obstplantage legten die Ordensleute an. Darüber hinaus wurde der Begriff Klosterberg erst so richtig von ihnen geprägt. Aus Nachwuchsmangel und wegen der geringen Auslastung der Räume gaben die Salvatorianer den Klosterberg nach 81 Jahren auf und verließen im Jahr 2006 Passau. Geschäftsmann Christian Repa kaufte im gleichen Jahr das Areal. Heute befinden sich auf dem Klosterberg eine vornehme Wohnanlage und Obstplantagen.

Notgeld

Der kleinste Geldschein der Welt (nach Guinness-Buch) wurde 1916/17 in Passau ausgegeben, um dem Mangel an Kleingeld entgegenzutreten (Bild). Schon Ende 1918 ließ die Stadt Kriegsnotgeld zu fünf, zehn und zwanzig Mark in Umlauf bringen. Der im Jahr 1921 immer stärker ansteigenden Inflation konnte mit den Reichsbanknoten nicht mehr begegnet werden. Viele Kommunen brachten eigene Banknoten auf den Markt. Im Sommer 1923 konnte auch das Geld der Städte den ungeheuren Geldbedarf nicht mehr decken. Nun gaben Banken und größere Firmen ihr eigenes Geld aus. In Passau waren es 14 Banken, die bunte Scheine mit aufgedruckten Nennwerten, von 20.000 bis zu zehn Millionen Mark, in Umlauf brachten. Im Januar 1914 erhielten die Bürger noch für 4,20 Reichsmark einen US-Dollar. Bis zum 20. November 1923 stieg der Dollar auf vier Billionen, 120 Milliarden und 500 Millionen Reichsmark – die Reichsmark war kaum mehr das Papier wert, auf dem sie gedruckt wurde.

Das Oberhaus, eine Festung mit wechselvoller Geschichte.

Oberhaus

Das Oberhaus ist in jedem Fall einen Extra-Ausflug wert. Ein Tag reicht gar nicht, um sich alles anzuschauen, so viel Geschichte, Kunst und Aussicht gibt es in der ab 1219 errichteten Burganlage – einer der größten erhaltenen in Europa. Bischof Ulrich II. hatte sie als Trutzburg gegen die Bürgerschaft errichtet, sie war zugleich Symbol der gerade erlangten Reichsfürstenherrlichkeit. Mindestens zweimal mussten die Fürstbischöfe nach Oberhaus flüchten, weil die Bürger gegen sie rebellierten – kein Wunder, dass sie extra Fluchtwege errichten ließen. Nur einmal wurde die Veste wirklich erstürmt, als am 25. Oktober 1805 ein bayerischer Hauptmann als Festungskommandant nur 130 Mann gegen die Österreicher an die Schanzen stellen konnte. Napoleon nutzte die Veste als Grenzfestung gegen Österreich, ab 1822 war sie Staatsgefängnis für politische Gefangene und Militärstrafanstalt. Hier war damals auch eine Maulbeerbaumplantage untergebracht. Der bekannteste Insasse auf Oberhaus war der spätere französische Staatspräsident Charles de Gaulle. Seit 1931 ist die Veste im Besitz der Stadt. Nach und nach wurde das Museum bestückt und ausgestattet. Auf 3.000 Quadratmetern dokumentiert die Ausstellung die Geschichte Passaus ebenso wie Handel und Handwerk, zeigt eine historische Apotheke oder Passauer Porzellan. Zudem gibt es das Böhmerwald- und Feuerwehrmuseum und eine Sammlung über den Bildhauer Hans Wimmer. Ein magischer Ort ist die Georgskapelle im Oberhaus, ein gotischer Bau mit einzigartigen Wandmalereien. Vor ihr stand einst der Bergfried. Übrigens müssen Besucher nicht unbedingt den sehr schönen, aber anstrengenden Aufstieg auf sich nehmen. Der Pendelbus vom Rathausplatz fährt zwischen 10 und 17 Uhr alle 30 Minuten hin oder zurück.

Oberilzmühle

Nördlich von Passau, schon auf Salzweger Gemeindegebiet, liegt ein Stausee der Ilz. Die Stadtwerke Passau betreiben dort seit 1953 ein Wasserkraftwerk. Der Stausee, ein beliebter Badesee, ist etwa fünf Kilometer lang und bis zu 200 Meter breit, die maximale Tiefe beträgt 14 Meter. Das Kraftwerk produziert jährlich etwa 13 Millionen Kilowattstunden elektrische Energie, was dem Strombedarf von 4.000 Haushalten entspricht.

Olympia

Die Olympischen Sommerspiele 1972 wurden vom 26. August bis zum 11. September in München ausgetragen. Einem damals 18 Jahre alten Passauer kam dabei eine ganz besondere Aufgabe zu: Günter Zahn entzündete das Olympische Feuer. Er war damals Deutscher Jugendmeister im 1.500-Meter-Lauf und stellvertretend für die Spiele der Welt-Jugend ausgewählt. Zahn war in den Jahren danach ein erfolgreicher Mittel- und Langstreckenläufer. Auch den Olympischen Eid sprach eine gebürtige Passauerin: Heidi Schüller, Jahrgang 1950, war deutsche Meisterin im 100-Meter-Hürdenlauf, im Weitsprung schaffte sie bei Olympia den fünften Platz. Später arbeitete sie als Ärztin, Fernsehmoderatorin und Autorin.

O

Viele Erfolge feierten die Ruderer. 1968 nahmen die damals 18 Jahre alten Franz Held (heute Leitender Akademischer Direktor des Sportzentrums der Universität Passau) und Günter Karl in Mexiko an den Olympischen Spielen teil. 1972 erruderte Franz Held im Vierer den dritten Platz und damit die Bronze-Medaille. 1976 gewann Edith Eckbauer vom Passauer Ruderverein zusammen mit Thea Einöder aus München ebenfalls die Bronze-Medaille im Frauen-Zweier bei den Olympischen Spielen in Montreal. Gisela Laeschke (damals 20), geborene Otto, ging 1972 bei den Winter-Spielen in Sapporo in Japan an den Start, vier Jahre später durfte Monika Wimmer (damals 21) geborene Scheftschik, in Innsbruck dieselbe Erfahrung machen.

Auch die Stadt selbst erlangte eine wichtige Rolle bei den Spielen von 1972: So fanden vier Vorrunden- und zwei Zwischenrundenspiele des olympischen Fußball- turniers im Dreiflüssestadion statt. Neben Spielen wie DDR gegen Kolumbien und Dänemark gegen Brasilien war der Höhepunkt Deutschland gegen Marokko. 20.000 Zuschauer strömten ins Stadion an der Danziger Straße. Das Team der damaligen Bun- desrepublik gewann 3:0.

Domorganist Ludwig Ruckdeschel an seinem ganz besonderen Arbeitsplatz.

Orgel

Ob sie jetzt die größte Kirchenorgel der Welt ist oder nur die größte katholische ist Erb-
senzählerei. Denn unbestritten ist die Passauer Domorgel, die eigentlich aus fünf Orgeln
mit zusammen 233 Registern und 17.974 Pfeifen besteht, ein gigantisches Instrument. Die
Orgelfirma G.F. Steinmeyer aus Oettingen schuf 1924 bis 1928 dieses Werk. Die Gehäuse
im Stil des Frührokoko stammen aus der Werkstatt des Passauer Bildhauers Joseph Maria
Götz. Die größte der Pfeifen hat einen 9,80 Meter langen Körper auf 1,10 Meter hohem
Fuß und ist 306 Kilogramm schwer, die kleinste hat einen gerade mal sechs Millimeter
langen Körper auf einem 18 Zentimeter langen Fuß und wiegt 20 Gramm. Die größte der
Pfeifen ist 11,3 Meter lang und 50 Zentimeter dick, die kleinste gerade mal sechs Millimeter bei einem Durchmesser von 3,5 Millimetern. In den Jahren 1978 bis 1980 und 1993
errichtete die Passauer Orgelbaufirma Eisenbarth nach Plänen Walther R. Schusters die
Orgel neu und verwendete dabei Teile der vorherigen Steinmeyer-Orgel. Die Hauptorgel
mit 126 Registern befindet sich auf der mittleren Westempore und wird rechts von der
Evangelienorgel und links von der Epistelorgel flankiert. Über dem dritten Gewölbejoch
des Langhauses befindet sich im Dachstuhl des Domes die Fernorgel. Die Chororgel
schließlich befindet sich im Chorraum. Alle fünf Orgeln können gemeinsam vom Haupt-
spieltisch auf der mittleren Westempore gespielt werden. In der Konzertsaison von Mai bis
Oktober finden täglich außer sonn- und feiertags am Mittag Domkonzerte statt.

Ortspitze

Der Name Ortspitze ist streng genommen eine Doppslung. Denn „Ort" kommt aus dem Mittelhochdeutschen und bedeutet Spitze oder Ende. Die Ortspitze war zudem einst eine ovale Insel, denn hinter dem alten Waisenhaus verband in früheren Jahren ein Wasserlauf den Inn mit der Donau. Die Schopper nutzten diesen Kanal vermutlich für ihre Salztransporte vom Schaiblingsturm zum Salzstadel. Im Lauf der Jahrhunderte allerdings verlandete der Wasserlauf und wurde von den Passauern zugeschüttet. So entstand die Ortspitze, heute neben dem Dom ein Touristenmagnet.

Kinder mit Eltern zieht es an den Kinderspielplatz, der als Geheimtipp gilt. Schließlich lockt die Ortspitze seit 1995 im Sommer Musik- und Kabarettfans an. Denn der Passauer Till Hofmann veranstaltet dort über zwei Wochen sein „Eulenspiegel-Festival" im Zelt.

Vielbesucht und -geliebt: An der Ortspitze ist der Besucher den Flüssen ganz nah.

Passauer Vertrag

Vom 11. Mai bis 2. August 1552 verhandelten die deutschen Fürsten im so genannten Lamberg-Palais auf dem Domplatz. Sie schlossen den Passauer Vertrag, der bis zur Entscheidung durch einen Reichstag freie Religionsausübung gewährte und so die Grundlage schuf für den Augsburger Religionsfrieden von 1555. Der Passauer Vertrag, der nur für Katholiken und Bekenner der Confessio Augustana gelten sollte, führte aus, dass niemand mehr wegen seines Religionsbekenntnisses behelligt werden sollte, bis durch ein allgemeines oder nationales Konzilium die kirchliche Uneinigkeit aufgehoben werde. Sollte es jedoch nicht gelingen, Einigkeit zwischen den Religionsparteien zu erreichen, müsse in Zukunft trotzdem jeder unbehelligt bei seiner Religion bleiben dürfen. Als Luther im Jahr 1517 seine 95 Thesen gegen das Ablasswesen verfasste, hätte er sich wohl nicht träumen lassen, dass er damit die Kirche weltweit spalten und in eine tiefe Krise stürzen könnte. Doch genau das geschah und so kam es zu einem Aufstand der deutschen Fürsten, die sich trotz des Diktats von Kaiser Karl V. eher dem Protestantismus zuwandten. In dieser Geschichte spielt auch Passau eine bedeutende Rolle: Hier wurde mit der Unterzeichnung des Passauer Vertrags diese Fürstenverschwörung beendet, der Protestantismus wurde formal anerkannt. Am 2. August 1552 beschlossen der römische König Ferdinand I. und Moritz von Sachsen diesen Vertrag, der den Protestanten bis auf weiteres die freie Ausübung ihres Bekenntnisses ermöglichte. An den Verhandlungen in Passau beteiligten sich neben König Ferdinand I. und Moritz von Sachsen auch Herzog Albrecht V. von Bayern und die Bischöfe von Passau, Eichstätt und Salzburg. Der Passauer Vertrag ist der Vorläufer des so genannten Augsburger Religionsfriedens: Dieser wurde beim Reichstag am 25. September 1555 verabschiedet. Das „Augsburger Bekenntnis" besagt, dass in jedem Territorium die Konfession des Landesherrn herrschen solle - „Cuius regio, eius religio" (lateinisch: wessen Gebiet, dessen Religion). Im Volksmund entstand daraus der Spruch „Wess' Brot ich ess, dess' Lied ich sing". Auf gut bairisch: „Wie der Herr, so's G'scherr!"

Passavia

Passavia ist die Wappenhalterin der Dreiflüssestadt. Den Stadtwappen-Wolf präsentierend, empfängt sie in der Schrottgasse am unteren Eingang jeden Rathausbesucher. Die Männer an ihrer Seite, heißt es, sind Vertreter vom Inneren und Äußeren Rat. Inzwischen ist ihre Nachbildung dort Wind, Wetter und Abgasen ausgesetzt. Das echte gotische Re-

Die Passavia am Rathauseingang hütet die Stadt.

lief, entstanden um 1480, ist in der Obhut des Oberhausmuseums und dort gleich im Vorraum zu finden. Die Passavia schmückte Siegel, Wappen und Inschriften der Stadt. Auch im Rathausinneren ist sie zu finden: Sie lässt sich in einem Deckengemälde im Kleinen Rathaussaal huldigen. Hinter ihr sind Dom und Neue Residenz zu erkennen, neben der Wappenhalterin ist Bischof Wolfger (1191–1204) zu sehen. Auf ihn wird der Rote Wolf im Stadtwappen zurückgeführt. Zu Passavias Füßen liegen der wilde Inn, die dunkle Ilz und die üppige Donau.

P

Paulusbogen

Jeden Tag durchqueren ihn dichte Passantenströme: Der Paulusbogen verbindet die Altstadt mit dem Neumarkt zwischen Rindermarkt und Steinweg, als Rest der ehemaligen Stadtmauer. Es ist wahrscheinlich, dass an dieser Stelle schon vorher, in römischer Zeit, ein Ausfalltor existierte. Dieses wurde im Lauf der Jahrhunderte mehrfach überbaut. Nach dem großen Stadtbrand von 1662 wurde über dem Tor die Sakristei der Pfarrkirche St. Paul errichtet. Dadurch entstand ein langer Tunnel. Auch gab es damals noch keine seitlichen Öffnungen, weshalb er von den Passauern als das „Finstere Gewölbe" bezeichnet wurde. Die seitlichen Durchbrüche wurden erst im 19. Jahrhundert geschaffen. Zu dieser Zeit befand sich vor dem Tor ein Graben bis zum Inn. Dieser wurde später zugeschüttet und gab der Grabengasse ihren Namen. Um 1900 sollte das Tor abgerissen werden. Ziel war eine bessere Verkehrsanbindung. Dies haben die Passauer jedoch verhindert.

Peichterturm

Der mächtige Rundturm ist Teil der früheren Innstadt-Stadtmauer neben dem Severinstor. Er wurde 1402/1403 errichtet und 1983 restauriert. „Peichter" ist aus Boiotro durch Lautangleichung entstanden.

Der Peichterturm ist Teil der früheren Stadtmauer.

Generationen von Passauern durften sich im Pemperlprater als kleine Reiter fühlen.

Pemperlprater

Das älteste Karussell der Welt drehte erstmals 1830 in Passau seine Runden. Der Passauer Schuhmacher und Bildschnitzer Engelbert Zirnkilton hatte zuvor drei Jahre lang an dem Drehgestell mit seinen ursprünglich 16 Holzpferdchen gearbeitet. Zur Maidult vor 180 Jahren erfolgte dann die Premiere. Angetrieben von kräftigen Burschen (einen Motor erhielt das Karussell erst 1926) durften kleine wie große Reiter ihre Runden drehen. Die Geschicktesten griffen im Vorbeifahren aus dem Maul eines hölzernen Fisches einen goldenen Ring, was eine Freifahrt bedeutete. Über Generationen war eine Pemperlfahrt am Innufer das Ausflugsereignis schlechthin. Heute gehört das Karussell dem VdK und ist in ganz Bayern unterwegs.

Perle

Die Flussperlmuscheln in der Ilz wurden jahrhundertelang für die Schmuckherstellung genutzt. Neben dem Perlmutt als Rohstoff für Knöpfe waren die Perlen heiß begehrt. Zeitweise waren die Muscheln fast ausgestorben, der Landschaftspflegeverband bemüht sich um die Wiederherstellung des Lebensraums. Eine menschliche Perle wird jedes Jahr zum Ilzer Haferlfest gekrönt: eine junge Dame aus der Ilzstadt als Patronin der Traditionsveranstaltung.

Polizei

Es ist gar nicht so einfach, die umfangreiche Passauer Polizeilandschaft zu überblicken. Bis 1969 gab es noch eine Stadtpolizei. Heute versehen fast 400 Polizisten der bayerischen Landespolizei in Passau ihren Dienst. Da gibt es die Polizeiinspektion, deren Beamte rund um die Uhr für Sicherheit in der Stadt und den Umlandgemeinden sorgen sollen. Im gleichen Gebäude an der Nibelungenstraße sitzt die Kriminalpolizei. Seit 2009 gibt es eine weitere Kripo-Dienststelle, die sich niederbayernweit um organisierte Kriminalität kümmert. Zur Verkehrspolizei gehört auch die Wasserschutzpolizei. Das Aufgabengebiet der Inspektion Fahndung sind reisende Straftäter vornehmlich auf der Autobahn und den Bundesstraßen im Grenzgebiet. Operative Ergänzungsdienste nennen sich Zivilfahnder, Hundeführer und der Einsatzzug, deren Polizisten zwar organisatorisch zum Präsidium in Straubing gehören, jedoch in Passau Dienst leisten. Dann gibt es noch den Technischen Ergänzungsdienst. Noch einmal weit über 100 Ordnungshüter schickt die Bundespolizei in die Dreiflüssestadt. Die Beamten des früheren Bundesgrenzschutzes sorgen für Sicherheit auf Passaus Bahnhof und im grenzüberschreitenden Zugverkehr. Die Bundespolizisten fahnden auch auf Autobahn und Bundesstraße nach illegal Eingereisten. Eine Aufgabe, die der Bund vom Freistaat nach der Auflösung der bayerischen Grenzpolizei übernommen hat.

Porzellan

Porzellanherstellung lässt sich in Passau bis ins 18. Jahrhundert zurückverfolgen. Das Vorkommen des Rohstoffs Karbid an den Donauhängen nahe der Stadt war Grundlage für die Produktion. Die erste nennenswerte Manufaktur bestand seit 1833 am Eggendobl. Der Unternehmerdynastie Lenck gelang es, ihre Porzellanfabrik in der Rosenau zu einem der führenden Industriebetriebe Niederbayerns auszubauen, 1899 beschäftigte sie über 500 Mitarbeiter. Porzellanfiguren, aber auch Kaffeeservices wurden in alle Kontinente exportiert. Die Weltwirtschaftskrise in den 1920er Jahren verschonte auch die Porzellanfabrik nicht. 1952 musste der Betrieb endgültig schließen. In der Lenckschen Manufaktur ausgebildet wurde auch Porzellanmaler Gustav Rosenstängl (1893–1949), sein renommiertes Porzellangeschäft wurde bis 1999 von seinen Töchtern Lily und Gabriele weitergeführt.

Passauer Porzellan, hier Figuren aus dem Oberhausmuseum, hat hohen Sammlerwert.

Produzentengalerie

So nennt sich ein Verein in Passau, der aus acht Künstlern besteht. Dessen Galerie gibt es seit 1990, sie befindet sich an der Ecke Bräugasse/Jesuitengasse in der Altstadt.

Prostitution

Die dürfte, so meint man, in einer Bischofsstadt nur ein Schattendasein führen. Doch in Passau finden sich bereits im 14. Jahrhundert erste urkundliche Erwähnungen von Frauenhäusern. Die heutige Frauengasse beim Schanzlturm weist auf einen dieser Standorte hin. Hausmeisterlich betreut wurden sie vom jeweiligen Henker, der aus den Einkünften der Frauen seinen Unterhalt bezog. Heute würde man ihn als Zuhälter bezeichnen.

Auch die Kirche arrangierte sich mit dem unzüchtigen Treiben. Historische Quellen berichten, dass Bischof Leonhard im Jahr 1439 eine Abgabe von den Besitzern der Frauenhäuser verlangte. Auch heute sind Passaus Prostituierte steuerpflichtig. Nach Angaben der Stadt gibt es offiziell acht Bordelle und vier Etablissements. Stadt und Kripo gehen übereinstimmend von 30 bis 40 Prostituierten in Passau aus.

Das Rathaus dokumentiert das Selbstbewusstsein der Passauer Bürger.

Quarz

Aus diesem Material besteht der „Aicha-Halser-Nebenpfahl". Dieser hat seinen Namen vom Bayerwald-Gipfel Pfahl bei Viechtach, dessen Gestein sich auch im Raum Passau findet. Das leicht verwitternde Pfahlbegleitgestein ermöglicht der Donau bei Passau den Durchfluss. An der Burgruine Hals zwingt eine 15 Meter breite Quarzmauer die Ilz zu einer Doppelschlinge.

Rathaus

Das Passauer Rathaus dokumentiert den Reichtum und das Selbstbewusstsein der Passauer Bürger. Im Lauf der Jahrhunderte behaupteten diese nämlich immer wieder ihre Rechte gegenüber den mächtigen Fürstbischöfen als oberste Stadtherren. Nach einem Aufstand 1298 beanspruchten die Passauer das Rathaus für sich. Der venezianisch anmutende Stil, die romanischen Gewölbe, das gotische Portal, der Treppenaufgang, der Turm und die Pracht der Ausstattung im Inneren spiegeln die Geschichte der Stadt wider. Besonders prächtig sind die Rathaussäle, die neben anderen Künstlern die Dombaumeister Carlo Lurago und Giovanni Battista Carlone gestalteten. Im späten 19. Jahrhundert stattete der Historienmaler Ferdinand Wagner die Wände aus mit Bildern aus der Geschichte Passaus: Stationen aus dem Nibelungenlied etwa oder die Kaiserhochzeit von Leopold I. mit der Wittelsbacher Prinzessin Eleonore, die 1676 in Passau stattfand und die Bürger nachhaltig beeindruckte. Im 38 Meter hohen Rathausturm befinden sich 23 Bronzeglocken, deren Spiel täglich um 10.30 Uhr, um 14.30 Uhr und um 19.25 Uhr, am Samstag zusätzlich um 15.30 Uhr, erklingt.

Q

R

Rathausplatz

Der Platz zwischen Donau und Rathaus war früher der Fischmarkt. An dieser Stelle herrschte lebhaftes Treiben, denn auch die Schiffe legten hier an. Eine hohe Mauer trennte einst den Landungsplatz vom Markt, sie wurde 1810 abgerissen.

Der frühere Festsaal der Fürstbischöfe wird heute für Kongresse und Konzerte genutzt.

Redoute

Ihre Ursprünge hat die Redoute (französisch für Zuflucht) in der Zeit unter Fürstbischof Lamberg (1689–1712). Damals wurde zwischen der alten Residenz und dem „Ballhaus" (heute Theater) ein zweigeschossiger Bau errichtet. Das Dach des Gebäudes trug mehrere Gartenterrassen mit Bäumchen und Springbrunnen. Diese „hängenden Gärten" wurden zur damaligen Zeit in ganz Europa bewundert. In den Jahren 1783 und 1784 ließ Fürstbischof Auersperg in den zweigeschossigen Unterbau der Dachgärten einen großen Saal einbauen, den so genannten Redoutensaal. Für die Passauer Bürger war dies eine bedeutende Erneuerung. Bisher war ihnen die Teilnahme an Veranstaltungen des Hofes verwehrt geblieben. Nun hatten die Bürger erstmals die Möglichkeit, musikalische und kulturelle Darbietungen zusammen mit ihrem Fürstbischof, den Hofbeamten und dem Adel zu genießen. 1997 fand eine Generalsanierung statt. Nun stehen neben dem großen und dem kleinen Redoutensaal ein Foyer mit Theke, eine Küche, aber auch moderne technische Ausstattung bereit. So ist in der Redoute vom Kongress bis zum Konzert, von der Hauptversammlung bis zur Hochzeit allerhand geboten.

Versteckt im Wald über der Ilz: Burg Reschenstein.

Reschenstein

Von hohen Bäumen fast ganz verdeckt, thront Burg Reschenstein auf einem schmalen
Felskamm über der Triftsperre bei Hals. Nur ein kleines Stück des knapp 30 Meter
hohen Bergfrieds lugt noch zwischen den Baumwipfeln hervor. Von unten ist nicht zu
erahnen, dass mitten im Wald noch mehrere Gebäude der einstigen Ritterburg stehen.
Der Wanderer gelangt über einen kleinen, steilen Weg zur Burg hinauf, doch das Tor
bleibt ihm verschlossen: Reschenstein ist in Privatbesitz und kann nicht besichtigt werden. Zur Geschichte der Burg sind nur einige Eckdaten überliefert. 1384 taucht sie erstmals in einer Schriftquelle auf, wo sie als Vorwerk der Burg Hals bezeichnet wird. Den
Leuchtenberger Landgrafen, die sie damals besaßen, ging kurz darauf das Geld aus, so
dass sie die Burg verpfänden mussten. Dadurch gelangte diese nach einigen Wirren in
den Besitz der Passauer Fürstbischöfe. Über 100 Jahre verwalteten sie Reschenstein,
doch mit der Zeit ließ man die Burg verfallen und spätestens seit 1566 wohnte dort
niemand mehr. Seit 1690 gehörte die Ruine dann wieder zur Grafschaft Hals. Dennoch
kam Reschenstein in den letzten beiden Jahrhunderten nicht zur Ruhe: So sollen Steine

aus den Mauern der Burg gebrochen worden sein, um damit die Halser Pfarrkirche aufzubauen. Etwa um 1900 feierte man in dem mittelalterlichen Gebäudekomplex rauschende Feste und amüsierte sich bei Theateraufführungen. 1907 erwarb Kommerzienrat Franz Stockbauer die Burg und ließ sie als Landsitz wieder aufbauen. Den Zweiten Weltkrieg überstand die kleine Anlage unversehrt, musste dann jedoch als Flüchtlingslager herhalten. Dass heute im Inneren nur noch Teile der einst kunstvollen Ausstattung erhalten sind, hat damit aber nichts zu tun. Grund war vielmehr ein durch Blitzschlag verursachter Brand im Jahr 1994, der Wandvertäfelungen, Dielenböden und das antike Mobiliar fast gänzlich vernichtete. Reschenstein ist aber nicht nur ein Ort mit interessanter Geschichte, sondern vor allem ein verwunschenes Fleckchen, um das sich manche Legende rankt. So munkelt man von versteckten Geheimgängen und Verliesen und es dürfte auch so gewesen sein, dass Max Peinkofer auf der kleinen Burg zu seinem 1921 uraufgeführten Heimatstück „Das Zauberschloss auf Reschenstein" inspiriert wurde.

Residenz

Residenz heißt der einstige Sitz der Passauer Bischöfe. Die alte Residenz, die sich hinter dem Dom in der Zengergasse befindet, gibt es seit dem elften Jahrhundert. Urkundlich erwähnt werden die Fürstbischöfe als Besitzer erstmals im Jahr 1188. Bei den Stadtbränden im 17. Jahrhundert wurde sie zerstört und danach im barocken Stil wieder aufgebaut, mit prächtigen Stuckdecken der Carloneschule. Von 1771 an wohnten die Fürstbischöfe in der gleich nebenan errichteten Neuen Residenz, die über den Saalbau mit der alten Residenz verbunden ist. Beide bilden einen mehr als 200 Meter langen Gebäudekomplex. Erbaut wurde die Neue Residenz in zwei Etappen: Fürstbischof Johann Philipp von Lamberg (1689–1712) hatte den Bau begonnen, Kardinal Leopold von Firmian (1708–1783) verschönerte diesen mit Portalen und Balustrade. Das Treppenhaus ist eine der schönsten Schöpfungen des Rokoko in Niederbayern, mit Marmorpilastern, Leuchter tragenden Putten und herrlichen Stuckarbeiten von Johann Baptist Modler und seinen Söhnen. Das Treppenfresko des Passauers Johann Georg Unruh stellt die Götter des Olymp dar, die seiner Heimatstadt huldigen. Heute befinden sich in der Neuen Residenz das bischöfliche Ordinariat sowie das Domschatz- und Diözesanmuseum und die seit 2010 wieder zu besichtigenden ehemaligen Prunkräume des Fürstbischofs im zweiten Stock.

Eine der schönsten Schöpfungen des Rokoko: das Treppenhaus der Residenz.

Ringstraße

Diese Straße gibt es offiziell gar nicht. So wird ein Straßenstück genannt, das östlich um den Exerzierplatz herumführt. Bekannt wurde dieses, weil es ab 2005 verboten war, dort geradeaus zu fahren, was von den Passauern nicht akzeptiert wurde. Die Öffnung wurde im OB-Wahlkampf 2008 zum zentralen Thema, Jürgen Dupper gab bald nach Amtsantritt den Verkehr wieder frei.

Römer

Für die Römer war die Stadt an den drei Flüssen von strategischer Bedeutung. Die Donau war Nordgrenze des römischen Reiches, der Inn war Grenze der Provinzen Rätien im Westen (heutige Altstadt) und Norikum im Osten (heutige Innstadt) und zugleich wichtige Grenze zwischen gallischen und illyrischen Zollbezirken. Mitte des ersten Jahrhunderts richteten die Römer ein Kastell im Bereich Niedernburg ein, als Sicherung für das Limesvorland und zum Schutz der Donau als wichtigem Nachschubweg. Im ersten Jahr-

Das Römer Museum Kastell Boiotro informiert über diese spannende Epoche.

hundert wurde es ausgebaut und bis Ende des zweiten Jahrhunderts genutzt. In der zweiten Hälfte des zweiten Jahrhunderts wird zeitgleich ein zweites Kastell am Domberg vermutet. Um 250 wurde es, wohl nach einem Alamanneneinfall, zerstört. Das Kastell Boiodurum, benannt nach einer Keltensiedlung, um 90 nach Christus gegründet, lag in Norikum, also der Innstadt, etwa auf Höhe der Mündung des Inn in die Donau, mit freier Sicht in alle drei Flüsse. Das um die Mitte des 3. Jahrhunderts zerstörte Lager wurde Ende des 3. Jahrhunderts einen Kilometer oberhalb an einer Stelle aufgebaut, die für den Innübergang günstiger war. Zweck des neuen Kastells "Boiotro", an dessen Stelle heute das Römermuseum über diese spannende Epoche informiert, war die Sicherung von Fährverkehr und wohl auch eines Hafens. Anhand von Münzfunden haben die Archäologen berechnet, dass gegen Ende des 4. Jahrhunderts das Kastell planmäßig geräumt wurde, Einbauten lassen darauf schließen, dass hier das in der Severinsvita erwähnte Kloster für Mönche eingerichtet war.

Rudhart, Ignaz von

Über eine griechische Inschrift staunen Passanten, wenn sie das Rudhart-Denkmal an der Innpromenade genauer betrachten. Ignaz von Rudhart, der ab 1831 als Regierungspräsident in Passau wirkte, wurde 1837 Ministerpräsident von Griechenland, unter dem neuen König von Griechenland Otto von Wittelsbach. Rudhart war unter anderem der Gründer der Universität Athen. In Passau hat er, so berichtet Franz Mader in seinem Buch „Tausend Passauer", auf Betreiben seiner Ehefrau Ixenia die evangelische Kirchengemeinde mit aufgebaut. Auf dem neugotischen Denkmal zwischen Spielplatz und Stadttheater heißt es: „dem würdigen Regierungspräsidenten Ritter von Rudhart, seine Verehrer in Niederbayern 1844".

Die Salvatorkirche steht an der Stelle der früheren Synagoge.

Salvatorkirche

Auf eine ehemalige Synagoge geht die spätere Wallfahrtskirche am Fuße des Georgs-
bergs zurück. Die Juden waren um 1477 aus Passau vertrieben worden, Vorwand war
ein angeblicher Hostienfrevel. Die Synagoge wurde daraufhin zerstört und stattdessen
die Sühnekirche errichtet. Die Engstelle stellte die Baumeister vor eine besondere
Herausforderung. Interessant für die Kunstgeschichte ist das auffällige Netzrippen-
gewölbe, das es etwa auch auf der Prager Burg gibt.

Schäffer

Das ist ein klingender Name in Passau: Dr. Fritz Schäffer (1888–1967) war Bundesmi-
nister, Abgeordneter und Ehrenbürger der Stadt. Die frühere Donauuferstraße zwischen
Schanzl und Rathaus wurde ihm zu Ehren in Fritz-Schäffer-Promenade umbenannt.
Dr. Gottfried Schäffer (1927–1984), Neffe von Dr. Fritz Schäffer, war Stadtapotheker
und Stadtheimatpfleger. Er engagierte sich in der Denkmalpflege und für den Erhalt
des Stadtbilds. Er diente als Namensgeber für die Gottfried-Schäffer-Straße.

Schaiblingsturm

Schon seit dem 14. Jahrhundert ragt aus dem Inn ein Turm, der zu den Wahrzeichen Passaus gehört. Als eine Art Wellenbrecher schützte er im stark strömenden Inn den dahinter liegenden kleinen Hafen für die Salzschifffahrt. Später beherbergte der Turm Wachpersonal. Da es nur einen Eingang und keinen Notausgang gibt, darf er heute für größere Veranstaltungen nicht genutzt werden. Lediglich die Verwaltung des Gymnasiums Leopoldinum hat einen Schlüssel und nutzt den Turm gelegentlich für Schulprojekte.

S

Malerisch ragt der Schaiblingsturm aus dem Inn.

Schanzl

Die Stadtmauer, die den so genannten Neumarkt umgab, endete in einem Befestigungswerk an der Donau, dem Schanzl. Dieser wurde 1512 errichtet, um die Stadt gegen Angriffe mit Feuerwaffen zu schützen. Vor der Mauer zog sich ein tiefer Graben vom Inn zur Donau. Die 1967 bis 1970 erbaute Donaubrücke am Schanzl hat davon ihren Namen „Schanzlbrücke".

Schulen

Als „Schulstadt" bezeichnet sich Passau selbst und den Eindruck vermittelt das Schulverzeichnis auf der Homepage tatsächlich: Über 30 Schulen bieten ein breites Bildungsangebot in der Stadt. Für die Grundschulen St. Anton, Grubweg, Hacklberg, Haidenhof, Heining und Innstadt, die Volksschulen Neustift und St. Nikola sowie das Sonderpädagogische Förderzentrum Hans-Bayerlein-Schule ist die Stadt Sachaufwandsträger. In privater bzw. kirchlicher Trägerschaft stehen die Montessori-Volksschule und die St.-Severin-Schule zur individuellen Lebensbewältigung sowie die St.-Severin-Schule für Körperbehinderte. An weiterführenden Schulen gibt es in der Stadt die Staatliche Realschule, die Staatliche Wirtschaftsschule und vier Gymnasien: das Adalbert-Stifter-Gymnasium, das Leopoldinum, das Auersperg-Gymnasium Freudenhain und das Gisela-Gymnasium Niedernburg. Im selben Gebäude findet sich auch die Gisela-Realschule Niedernburg. Darüber hinaus finden sich in der Stadt die Staatliche Fachoberschule und die Berufsoberschule, die Private Handelsschule Pindl und die Montessori-Fachoberschule. Spezielle Vorbereitung auf den Beruf bieten die gewerbliche und landwirtschaftliche Staatliche Berufsschule I, die kaufmännische Staatliche Berufsschule II, die Landwirtschaftliche Fachschule, die Fachakademie für Sozialpädagogik, die Lehranstalt für pharmazeutische Assistenten, Berufsfachschulen für Krankenpflege, für Kinderkrankenpflege, für Fremdsprachenberufe sowie für IT-Berufe, darüber hinaus die Fachschule für Altenpflege und für Altenpflegehilfe.

Sisi

Im Gästebuch des Hotels „Wilder Mann" (Bild unten) aus dem Jahr 1862 kann es nach-
gelesen werden: „8. September, Ihre Königlich Kaiserliche Majestät regierende Kaiserin
Elisabetha von Österreich". Sisi und ihr kaiserliches Gefolge logierten während eines
Passau-Besuchs, ihrem Stande entsprechend, in sieben Zimmern des Hauses. Mit einem
Extrazug kam die Kaiserin von Österreich am Bahnhof in Passau an. Dort wurde sie von
einer großen Menschenmenge erwartet. Die Straßen wurden zu Ehren des hohen Besuchs
mit Fahnen geschmückt. Gleich nach dem Empfang begab sich Sisi in den Gasthof von
Anton Niederleuthner, das heutige Hotel „Wilder Mann". In den folgenden Tagen bekam
die Kaiserin Besuch von ihrer Mutter Herzogin Ludovika von Bayern. Auch ihre Schwestern kamen zu Besuch: Marie, als Königin von Neapel, Mathilde, als Gräfin von Trani und
Nene, als Erbprinzessin von Thurn und Taxis. Die Bewohner von Passau bemühten sich in
dieser Zeit, der Kaiserin mit allerlei Aufmerksamkeiten den Aufenthalt so beeindruckend
wie möglich zu gestalten. Eine Fackelwanderung und ein Umzug mit Turnern und Blech-
musik wurden der Kaiserin dargeboten. Bevor Sisi am 14. September wieder abreiste,
spendete sie noch die beträchtliche Summe von 200 Gulden zur Unterstützung der

Schlafen wie einst Kaiserin Sisi kann man im Hotel „Wilder Mann".

Armen. Schon früher hatte Kaiserin Sisi die Dreiflüssestadt besucht. Auf ihrer Brautfahrt mit dem kaiserlichen Schiff von Deggendorf nach Wien machte sie am 21. April 1854 Zwischenstopp in Passau. Die Bevölkerung verabschiedete die künftige Kaiserin von Österreich in der letzten Stadt auf bayerischem Boden. 50 Jahre später wurde am Rathausplatz eine Bronzeplastik enthüllt, auf der die Kaiserin abgebildet ist. Die Inschrift lautet: „DEM ANDENKEN WEILAND IHRER MAJESTÄT DER KAISERIN ELISABETH HÖCHST-WELCHE AM 21. APRIL 1854 AUF IHRER DONAU-BRAUTFAHRT NACH WIEN HIER IN PASSAU VON DEN BAYERISCHEN LANDEN ABSCHIED NAHM ERRICHTET – 1904". 1878 übernachtete die Kaiserin ein zweites Mal im „Wilden Mann". Mit der Wiedereröffnung des Hotels im Jahr 1985 wurde dort ein zweites Elisabeth-Denkmal geschaffen.

Soldatenau

Die „Quelle" des Passauer Trinkwassers findet sich auf der Insel Soldatenau. Dort holen sich die Stadtwerke Passau das Leitungswasser aus Donau und Inn. Die Insel liegt auf österreichischem Gebiet, dort fangen zwei in Bungalows geschützte Horizontal- und drei eingezäunte Vertikalbrunnen „den Inn unter dem Inn und die Donau unter der Donau". Die Insel ist fast 31 Fußballfelder groß und ein Öko-Paradies mit wildem Wald und viel Wiese. Gesichert durch einen Staatsvertrag mit Österreich kaufte die Stadt die Insel an, seit 1928 werden Passau und sein Umland, in jüngerer Zeit auch Schardenberg und Freinberg von der Insel aus mit Trinkwasser versorgt. Gigantische 4,5 Millionen Kubikmeter zapfen die Stadtwerke pro Jahr auf ihrem Brunnen-Eiland. Nach vielen Kilometern Fließens durch die Naturfilter der Bodenschichten ist das Wasser so rein, dass es die strengen Richtwerte locker unterbietet und ohne chemisches Aufbereiten gleich auf der Insel ins 500 Kilometer lange Trinkwassernetz eingespeist werden kann. 14.500 Haushalte und über 3.000 Hydranten in 16 Zonen bis nach Windorf, Tiefenbach und Salzweg werden von den Stadtwerken mit Wasser versorgt. Der Spitzen-Tagesbedarf liegt bei 18.000 Kubikmetern, die fünf Brunnen könnten aber jeden Tag noch 8.000 Kubikmeter mehr liefern. Von der Soldatenau wird das Wasser zu den Pumpwerken geleitet. Das erste Richtung Passau heißt Stadtau und befindet sich in einem verzierten Gebäude aus den Jahren 1926/28. Es ist sorgsam im Stil eines kleinen Museums eingerichtet und an der Aufschrift „Wasserwerk" über dem Eingang zu erkennen. Ein ganzes System solcher Pumpen, kombiniert mit Hochbehältern, gehört zum Wassernetz. Schließlich gilt es gerade in und um Passau, Berge und Täler zu erreichen – allein zwischen Ortspitze und Kohlbruck liegen 149 Höhenmeter.

Stadtgalerie

Die Stadtgalerie ist zusammen mit dem „Kapfinger-Turm" das Herzstück der Neuen Mitte, sie verbindet die beiden traditionellen Einkaufsstraßen Bahnhofstraße und Ludwigstraße miteinander. Am 26. Oktober 2006 wurde der erste Spatenstich für das im Vorfeld heftig umstrittene 130-Millionen-Euro-Projekt gesetzt, fast genau ein Jahr später war Richtfest, am 10. September 2008 wurde Eröffnung gefeiert. Auf 21.000 Quadratmetern Verkaufsfläche finden 90 Geschäfte Platz, ein Drittel davon sind regionale Filialisten bzw. Einzelbetreiber, zum Jahresende 2010 bot das Einkaufszentrum damit 700 Arbeitsplätze. Nach Erhebungen der Betreiber kommen zwei Drittel der Besucher nicht aus Passau, die Hälfte der Kunden nimmt fürs überdache Shopping-Erlebnis sogar 30 Minuten Fahrzeit und mehr in Kauf. Im ersten Jahr besuchten sechs Millionen Menschen das Center, die Innenstadt konnte sich dennoch, trotz aller Befürchtungen im Vorfeld, recht gut behaupten. Nach Zählungen der Marktforscher geben 70 Prozent der Kunden an, dass sie sowohl in der Stadtgalerie als auch in der Innenstadt ihre Einkäufe tätigen.

Sturmbergkapelle

Selten wird sie in touristischen Führern erwähnt und selbst viele Passauer kennen sie nicht: die Sturmbergkapelle. Auf halbem Weg zwischen Schanzl und Ries schaut sie auf die Stadt herunter: Es gibt keine Dokumente darüber, wann sie gebaut wurde, wer den Auftrag erteilte und wer die Arbeit ausführte. Letzterer könnte allerdings der bekannte Passauer Baumeister Jakob Pawagner gewesen sein. Belegt ist nur, dass Kardinal Joseph Dominikus Graf von Lamberg am 28. März 1738 die Kapelle weihte. Obwohl nicht mehr alles im Originalzustand erhalten ist und das bedeutendste Stück der Kapelle, eine Darstellung des Heiligen Georgs, ins Oberhausmuseum gegeben wurde, gibt es im Inneren vieles zu bewundern: farbenfrohe Deckengemälde, Holzbänke mit reich verzierten Wangen, ein grün-goldenes schmiedeeisernes Rokoko-Gitter vor dem Altar und natürlich das Altargemälde, das den Heiligen Nepomuk zeigt. Doch die Tür des kleinen Kirchleins öffnet sich nur selten und sein einstiger Glanz ist nur noch einmal im Jahr zu erahnen: Nämlich dann, wenn am Sturmbergweg Maiandacht gefeiert wird.

Theater

Einst war es fürstbischöfliches Ballhaus, dann Hofopernhaus, später fürstbischöfliches Opernhaus für das Volk. Heute beherbergt der prächtige Bau an der Marienbrücke das Stadttheater Passau. Das Stadttheater ist Sitz der Musiktheaterabteilung und feste Spielstätte des Landestheaters Niederbayern. Dieses nahm mit der Spielzeit 1953/1954 seinen Betrieb auf. Seit 2007 trägt das gemeinsame Theater den Namen „Landestheater Niederbayern". Die Schauspielsparte hat in Landshut ihren Sitz, in Straubing ist das Kulturmobil beheimatet. Und in Passau befindet sich das Musiktheater mit den dazugehörigen Werkstätten. In Passau werden pro Spielzeit sieben Opern- und Operettenproduktionen, sieben Kammerkonzerte, ein Sinfoniekonzert und eine Faschingsgala produziert. Außerdem entsteht jedes Jahr ein musikalisches Programm für Kinder und Jugendliche. Alle in Passau produzierten Stücke werden auch in Landshut und Straubing aufgeführt, ebenso wie die Landshuter Schauspieler ihre Theaterstücke auch in Passau zeigen. Erbaut wurde das Passauer Stadttheater 1645 unter Fürstbischof Leopold Wilhelm von Österreich als Ballhaus. Unter Fürstbischof Leopold Ernst Kardinal Graf von Firmian wurde das Gebäude in ein Hofkomödien- und Hofopernhaus umgebaut. Erst unter Fürstbischof Joseph Kardinal Graf von Auersperg wurde das Gebäude dem Volk zugänglich gemacht: Er ließ es in den 80er Jahren des 18. Jahrhunderts grundlegend verändern und gab ihm dem Namen Fürstbischöfliches Hofopernhaus. Ab 1806 hieß es „Königlich-Bayerisches Theater". 1883 kaufte die Stadt das Gebäude und baute es um, am 28. Oktober 1883 wurde das Passauer Stadttheater eröffnet. Ein Blick hinter die Kulissen des Theaters bietet sich bei öffentlichen Führungen, die regelmäßig angeboten werden.

T

Das Stadttheater ist Spielstätte des Landestheaters Niederbayern.

Thingplatz

Der Thingplatz auf dem Oberhaus wurde 1934 angelegt. In der Zeit des Dritten Reichs diente er als Schauplatz für Massenkundgebungen und Freilichtspiele und war schon damals so konzipiert, dass er 12.500 Menschen Platz bot. Initiator der Bauarbeiten war der damalige Oberbürgermeister und NSDAP-Kreisleiter Max Moosbauer. Die Euphorie war groß und weder der Oberbürgermeister noch Architekt Ludwig Moshamer ahnten, welche Probleme sie sich mit dem Bauprojekt aufgehalst hatten: Denn die gigantischen Erdaushubarbeiten gingen nur langsam voran, da man schon kurz unter der Oberfläche auf massives Felsgestein stieß. Das verschlang Unsummen, auf deren Hauptanteil Passau sitzenblieb. Über 58.000 Reichsmark soll der Thingplatz gekostet haben. Nach dem Zweiten Weltkrieg fanden hier ein Festgottesdienst zum 74. Katholikentag, Pfadfinderlager und Zirkusveranstaltungen statt. Von 1980 bis 1998 wurde jedes Jahr zu Pfingsten gerockt, getanzt und gefeiert beim legendären, aber stark umstrittenen Pfingst-Open-Air. Bis zu 10.000 Menschen kamen damals auf dem Gelände zusammen.

Tölpel

Tölpel heißt in Passau nicht nur ein ungeschickter Mann, sondern auch eines der Wahrzeichen der Stadt. „Von Passaus Dom fiel ich herunter, wobei mein schöner Leib zerbrach. Bin trotzdem kreuzwohlauf und munter, und nur im Kopf noch etwas schwach", dichtete

Selig schlummernd im Blumengärtchen: der Passauer Tölpel.

einst der Passauer Ehrenbürger Anton Niederleuthner auf die Skulptur mit ihrem plumpen Kopf und den wulstigen Lippen. Es wird vermutet, dass die Figur aus dem 14. Jahrhundert, wohl eine Darstellung des hl. Stephanus, einst auf dem Dom aufgestellt war, beim Stadtbrand 1662 wurde sie zerstört. Nach Zwischenstationen in einer Gartenmauer und einem Wirtshaus war sie seit 1884 auf Oberhaus ausgestellt. In einer Kolumne der Passauer Neuen Presse spießt der Tölpel Neues aus dem Stadtleben auf. Seit dem 1. August 2003 ist er wieder „mitten im Geschehen" – an der Mauer des Landratsamts, in nächster Nähe zu „seinem" Dom.

Tracht

Trachten sind Tradition. Sie sind aber auch modern – und so macht man im Verein der Alt-Passauer Goldhaubenfrauen die Erfahrung, dass auch immer mehr junge Frauen die alte Tradition pflegen. Die Französische Revolution hatte gegen Ende des 18. Jahrhunderts die Kleiderordnung aufgelöst, nach der es nur dem Adel erlaubt war, Kleidung aus teurem Material zu tragen. Nun durften auch Bürgerinnen, die es sich leisten konnten, Gold und Silber für ihren Kopfschmuck verwenden. Im Raum „ob der Enns", das heißt in den damaligen Modezentren Linz und Passau, entstanden Aussehen und Beschaffenheit der heutigen Goldhaube. Damals wurde sie noch von Hutmacherinnen gefertigt. Heute stickt sie sich jede Goldhaubenfrau selbst. Manche Goldhauben sind auch ererbt oder aus alten Beständen gekauft. Der Verein der Goldhaubenfrauen verfolgt das Ziel, die

Die Goldhaubenfrauen mit ihrer prächtigen Bürgertracht schmücken viele Festlichkeiten.

Goldhaubentracht bei festlichen Anlässen zu tragen und zu pflegen. Die dazugehörige Tracht stammt aus der Biedermeierzeit und wird ergänzt durch den klassischen Wollschal mit türkischen Mustern, passenden Schmuck, kurze Handschuhen (Stritzel), einen Spitzenschirm und ein kleines Sträußchen aus Goldbouillon-Blumen. Die meisten Goldhauben sind Unikate, die Arbeitszeit für eine Haube beträgt zwischen 350 und 400 Stunden.

Triftsperre

Dieses Bauwerk oberhalb von Hals ist ein Ergebnis des wirtschaftlich einst bedeutsamen Holzflößens. Die Passauer Trift ist vor etwa 250 Jahren erstmals belegt, Holz wurde aus dem Bayerischen Wald nach Passau geschwemmt und dort auf Schiffe nach Wien verladen. 1827 bis 1831 wurde ein 115 Meter langer Tunnel unter dem Reschenstein gebaut, um die Strecke an der Halser Ilzschleife abzukürzen. An einer Sperre mit Holzrechen konnten die Arbeiter die Stämme durch den Kanal leiten, die imposanten Reste dieser „Triftsperre" sind noch erhalten. Seit 1920 staut das Wehr eines Elektrizitätswerks das Wasser der Ilz am Halser Stausee, für den seit langem ein gern ignoriertes Badeverbot besteht.

Einer der beliebtesten Passauer Spazierwege führt über die frühere Triftsperre.

Naherholung im Naturschutzgebiet: Die Ilz war 2002/2003 Flusslandschaft des Jahres.

Universität

Die Universität Passau ist mit ihrem Eröffnungsdatum 9. Oktober 1978 eine der jüngsten Deutschlands, aber eine mit einem sehr guten Ruf. Im Wintersemester 1978/79 zählte sie 463 Studierende, im Wintersemester 2010/2011 waren es bereits 9.177 Studenten. An der Uni finden über 1.000 Menschen eine Beschäftigung. Die Uni unterhält 174 Auslandspartnerschaften, knapp 70 Prozent der Studenten kommen aus Bayern, 36 Prozent aus Niederbayern. Aus Passau Stadt und Landkreis stammen etwa 20 Prozent der Studenten. In 21 Gebäuden sind die vier Fakultäten - Wirtschaftswissenschaftliche, Philosophische und Juristische Fakultät sowie die Fakultät für Informatik und Mathematik – untergebracht. Die Geschichte der Universität lässt sich bis 1622 zurückverfolgen: Damals wurde eine Hochschule zur Heranbildung von Welt- und Ordensgeistlichen an das von Fürst Leopold im Jahr 1612 gegründete Gymnasium angegliedert. Ab 1773 wurde diese als fürstbischöfliche Akademie weitergeführt, ab 1803 nur noch als kurfürstliches Lyzeum. Ab 1808 gab es keine Passauer Hochschule mehr, erst 1833 wurde das Passauer Lyzeum wieder errichtet. 1923 wurde der Name „Philosophisch-Theologische Hochschule" eingeführt. Am 17. Dezember 1968 forderte der Niederbayerische Bezirksplanungsrat die Errichtung einer Universität in Passau. Am 9. Oktober 1978 schließlich eröffneten Ministerpräsident Alfons Goppel und Kultusminister Hans Maier die Universi-

9.000 Studenten arbeiten an der Universität auf ihre Abschlüsse hin.

tät. Am 1. November 1980 wurde die Philosophische Fakultät gegründet, der Lehrbetrieb der Fakultät für Mathematik und Informatik wurde zum Wintersemester 1983/1984 aufgenommen. Heute organisieren sich die ehemaligen Studenten der Uni im Ehemaligenverein und im Kuwi-Netzwerk. Mit diesem Studiengang Kulturwissenschaften nimmt die Uni Passau zudem eine Sonderstellung ein.

Unterwelt

Vom einstigen „unterirdischen" Passau sind nur noch vereinzelte Spuren geblieben. Zu besichtigen ist beispielsweise ein Geheimgang auf Mariahilf. Wer ihn erkunden will, muss ein wenig abenteuerlustig sein und vor allem schwindelfrei. Eine Leiter ist nötig, um zum Einstieg des Geheimgang-Systems unter Mariahilf am Dachboden eines Seitengebäudes zu gelangen. Wer es bis oben geschafft hat, betritt durch eine Öffnung einen dunklen, leicht abfallenden Gang. Fällt das Licht der Taschenlampe auf die kargen Steinwände, zeigt sich unerwartet ein wunderschönes Bild. Es ist wie der Blick in eine Schatzkiste, denn alles ist voll von silbrig glänzenden Wasserperlen in verschiedenen Größen und Formen. Nach etwa 40 Metern allerdings endet der Gang. Wie er früher verlaufen ist, ist nicht bekannt. Vermutlich stößt er irgendwo mit einem Gang zusammen, dessen Einstieg in der Sakristei gefunden wurde. Auch in anderen Teilen Passaus sind unterirdische Gänge erhalten geblieben. Doch obwohl der Georgsberg unter dem Oberhaus einem Termitenbau ähnelt, kann man heute keinen der zahlreichen Stollen begehen – zu groß ist die Steinschlaggefahr. Der längste Schacht ist der unter dem Thingplatz verlaufende Zisternengang, der einst zu einer geheimen Quelle führte. Er war lebensnotwendig, denn im Belagerungsfall war er die einzige Rettung für die Burgbewohner. Daneben wurden jedoch auch andere Gänge gefunden. Manche, wie der 45 Meter lange Gegenminier-Gang, dienten vor allem der Verteidigung. Sprengladungen an seinen Enden sollten ungebetene Besucher auch von der Unterwelt rund ums Oberhaus fernhalten. Nie gefunden werden konnte dagegen ein Geheimgang, der angeblich das Niederhaus mit der Altstadt verbunden haben soll. Auch um einen anderen Gang ranken sich viele Legenden: So soll es eine Verbindung zwischen Reschenstein und Hals gegeben haben. Doch auch dieser Gang konnte nie gefunden werden und spätestens seit dem Brand der Burg 1994 haben sich alle Hoffnungen zerschlagen, da die Stelle, wo der Eingang vermutet wurde, nun verschüttet ist.

U

Vereine

Vereine gibt es in Passau weit über 100. Der größte von ihnen ist die Sektion Passau des Deutschen Alpenvereins mit etwa 4.000 Mitgliedern. Als zweitgrößter Verein gilt der TV Passau 1862 mit seinen 2.170 Mitgliedern. Eine exklusive Gesellschaft sind die Apostelfischer. Seit 1558 üben sie als Pächter das von der Heilig-Geist-Stiftung vergebene Fischrecht zwischen dem Kachlet und der Ortspitze aus. Die Zahl der Mitglieder ist auf zwölf begrenzt. Nur den Apostelfischern ist es erlaubt, in dem besagten Donau-Abschnitt Raubfische wie Hecht oder Zander mit dem Netz zu fangen. Das Privileg wird oft von Generation zu Generation vererbt. Nur wenn ein Mitglied ausscheidet, kann ein neues aufgenommen werden.

Volkshochschule

Die Volkshochschule ist eine wichtige Bildungseinrichtung in Passau. Vom Bairischkurs bis zum Nähkurs wird den Teilnehmern in 21 Außenstellen und der Hauptstelle in Passau ein weit gegliedertes Bildungsprogramm geboten.

Votivkirche

Verehrer Mariens prägen die Votivkirche am Eck von Ludwigstraße und Heiliggeistgasse. Dort kann jeder täglich beichten und das Allerheiligste anbeten. Votivkirche ist nicht der einzige Name des 1803 profanierten und bis 1857 als Stadel genutzten Gebäudes. Die Kirche heißt auch „Maria Unbefleckte Empfängnis" und wurde zu Ehren Mariens in der Diskussion um die erbsündenfreie Gottesmutter unter Bischof Heinrich Hofstätter neuromanisch umgebaut und von ihm 1864 geweiht. Die Figurengruppe der Krönung Mariens aus dem Jahr 1863 über dem schlichten Altar zeugt bis heute von jener Zeit. Genau ein Jahrhundert später musste ein Stück Langhaus dem Straßenbau weichen, die Kirche wurde teilweise abgerissen und neu gebaut. Seit 1978 nimmt sich die Gesellschaft Mariens, das sind die Maristen, der Votivkirche an.

V

Waisenhaus

Ein Waisenhaus im ursprünglichen Sinn ist es heute nicht mehr, das Lukas-Kern-Kinderheim. Doch eins hat sich nicht verändert: Das Haus am Inn hat immer Mädchen und Buben beherbergt, deren Familien in Schwierigkeiten sind. Das Haus geht auf eine Stiftung des Schiffmeisters und Gastwirts Lukas Kern zurück, der diese 1749 hinterließ. Notwendig gebraucht wird es bis heute. Die notleidenden Kinder auf der Straße hatten Lukas Kern und seine Frau einst dazu veranlasst, sein Vermögen zu spenden und den Kindern ein anständiges Dach über dem Kopf zu geben. Eine Wohnung, etwas zu essen und vor allem Menschen, die sich um sie kümmern. Lange Zeit sorgten die Maria-Ward-Schwestern für die Kinder. Noch immer steht die Jugendhilfeeinrichtung unter Trägerschaft der Bürgerlichen Waisenhausstiftung.

Wappen-Wolf

Wölfe treten normalerweise im Rudel auf, den Passauer Symbol-Wolf dagegen gibt's nur solo. Dafür ist er tausendfach zu sehen, denn der Passauer Wolf ist im Wappen der Stadt verankert. Die Überlieferung sagt, dass das Passauer Wappen auf Bischof Wolfker von Ellenbrechtskirchen (1191–1204) zurückgeht. Der (rote) Wolf muss auch frühzeitig als Wahrzeichen gegolten haben, von einem Stadtwappen darf man aber in jener Zeit noch nicht reden – Passau fehlte die Selbständigkeit als Bedingung dafür. 1340 schützte Herzog Albrecht von Österreich den Wolf als Warenzeichen der Passauer Messerer bzw. Klinger. Auch die Stadtrichter des 14. Jahrhunderts führen in ihrem Siegel den Wolf neben ihrem eigenen Wappen.

Wasserturm

Das ist in Deutschland einmalig: Im Passauer Stadtteil Ries ist die Feuerwehr im Wasserturm untergebracht. Das 2,70 Meter breite Feuerwehrfahrzeug passt gerade noch so in die Garage. Das Wahrzeichen der Ries ist 28 Meter hoch und hat einen Durchmesser von rund zehn Metern. Der Standort wurde so gewählt, da er hoch genug war, um die umliegenden Gemeinden wie Sieglgut und Sieglberg mit Wasser zu versorgen.

Wittelsbacher-Brunnen

Seit 1555 gibt es einen Brunnen am Residenzplatz. Der „Wittelsbacher-Brunnen" oder auch „Residenzbrunnen", wie er von den Altstädtern genannt wird, ist dort schon der dritte seiner Art. 1555 wurde ein Schöpfbrunnen am Residenzplatz angelegt. Der Grund dafür war der Bau der ersten Wasserleitung aus der Innstadt herüber. Gekrönt war dieser Brunnen mit dem so genannten „Brunnenliendl" – einer spätgotischen Figur, die in der rechten Hand ein Schild mit dem Stadtwappen und in der anderen eine Lanze mit einer Fahne trägt. Mittlerweile steht ein Abguss der lebensgroßen Steinfigur in einem der beiden Innenhöfe des Rathauses. Das Original ist seit Jahren, geschützt vor Wind, Wetter und schädlichen Umwelteinflüssen, im Oberhausmuseum untergebracht. 1860 wurde der „Marienbrunnen" auf dem Residenzplatz errichtet. An Maria Lichtmess, dem 2. Feb-

Am Wittelsbacher-Brunnen lässt sich's feiern.

W

ruar, hatte der Bischof die steinerne Madonna mit dem Jesuskind geweiht. Nur wenige Tage später wurden sie auf der sieben Fuß hohen Granitsäule des neuen Brunnens am Residenzplatz aufgestellt. Nicht einmal 50 Jahre später musste die Madonna allerdings dem „Wittelsbacher Brunnen" weichen, sie steht heute im Innenhof des Maierhofspitals. Dieser wurde zur Erinnerung an die hundertjährige Zugehörigkeit der Stadt zu Bayern im Rahmen eines großen Festes am 7. Juli 1906 von „Seiner Königlichen Hoheit, Prinz Alfons von Bayern", feierlich enthüllt. Der Bildhauer Jakob Bradl hatte sich im Wettbewerb mit seinem Entwurf durchgesetzt. Das Figurenprogramm ist dabei ganz auf Passau zugeschnitten. Im Zentrum steht Maria, im unteren Teil werden die Personifikationen der drei Flüsse dargestellt. Damit soll gezeigt werden, dass die Stadt ihren Platz in Bayern gefunden hat.

Wochenmarkt

Der Wochenmarkt wird in Passau zweimal pro Woche abgehalten. Jeden Dienstag und Freitag findet er auf dem Domplatz statt, wobei am zweiten Termin weitaus mehr Fieranten Gemüse, Blumen, Fleisch und Backwaren anbieten. Der Domplatz ist Stammplatz für den Wochenmarkt, nur in der Zeit vor Weihnachten wird der Markt verlegt: Dann belegt der Christkindlmarkt die Fläche und die Händler und Kunden weichen in den Klostergarten in der Neuen Mitte aus.

Frische Ware gibt's am Wochenmarkt und den Ratsch kostenlos dazu.

X-Point-Halle

Eine schweißtreibende Angelegenheit war die X-Point-Halle im modernen Messepark schon immer: Früher diente sie Soldaten als Sporthalle, heute feiern Passaus Schüler hier Faschings- und Abiturbälle. Bis zu 1.200 Tanzlustige, 800 sitzende Konzertbesucher oder 400 Gäste an Tischen haben Platz. Diese hat die Event-GmbH aufgerüstet mit Künstlergarderobe, Cateringküche mit Ausschank und Toiletten samt Behinderten-WC. Die Stadt vermietet die zuletzt 2008 renovierte Halle leer, bei Bedarf aber auch mit einer Podestanlage, bis zu 800 Stühlen und 150 Tischen. Außerdem ist sie Herberge der Sanitäter bei den Dulten und anderen Großveranstaltungen sowie eine beliebte Ausstellungshalle. Bis Juli 1993 war die X-Point-Halle Sporthalle der Soldaten in der ehemaligen Ritter-von-Scheuring-Kaserne. 1993 kaufte die Stadt das ganze Bundeswehr-Gelände. Die Sporthalle aber blieb und wurde in den seit 1997 vorbereiteten und 2003 eröffneten Messepark integriert. Ihre große Schwester und Nibelungenhallen-Nachfolgerin, die Dreiländerhalle, gibt es seit 2004.

Y – die Bundeswehr in Passau

Y war jahrzehntelang auf Passaus Straßen zu sehen. Mit diesem seltenen Buchstaben beginnt jedes Fahrzeug-Kennzeichen der Bundeswehr. 1963 bis 1993 gehörten die Soldaten zu Passau wie die Pummerin zum Dom. Hochwasser? Die Pioniere helfen mit Boot, Sandsack und Gulaschkanone. Schneekatastrophe? Sie stehen Schaufel bei Fuß. Im Erlautal bauen sie einen Wanderpfad, in Wegscheid sprengen sie mit 20 Kilo TNT die Pfarrkirche und in Vilshofen einen 30-Meter-Kamin. Die ersten Soldaten des in Hannover aufgestellten leichten Pionierbataillons 511 trafen am 15. September 1963 am neuen Standort ein. 1972 wurde das Bataillon als leichtes Pionierbataillon 240 dem Pionierkommando in Ulm rückunterstellt. Mit ihrer hohen Disziplin und Einsatzbereitschaft erwarben sich die Passauer Pioniere einen hohen Stellenwert. Maßgeblich trugen dazu die Rettungseinsätze bei, vor allem bei Erdbeben: 1976 in Norditalien und 1980 östlich von Neapel halfen die Passauer derart vorbildlich, die Katastrophen abzumildern, dass die Dankbarkeit von damals noch heute Verbindungen aufrecht erhält. 1993 wurde der Standort geschlossen wird. Die erste Bestürzung wich der Erkenntnis, dass die Stadt damit die Chance erhält, einen Messe- und Gewerbepark zu schaffen – der Startschuss für das heutige Kohlbruck.

X
Y

ZF

Die ZF Passau, eine Tochtergesellschaft der ZF Friedrichshafen AG, ist der größte Arbeitgeber der Region. Rund 4.350 Beschäftigte arbeiteten 2010 in den Werken Grubweg,
Patriching und Thyrnau, über 60.000 waren es weltweit an 123 Produktionsstandorten,
davon 32 in Deutschland. Sechs der 123 Werke sind so genannte Hauptentwicklungs-
standorte – und einer davon ist Passau.

Das hier ansässige Unternehmen ist für den Bereich Arbeitsmaschinen-Antriebstechnik
und Achssysteme verantwortlich. Er gliedert sich in die Geschäftsfelder Systeme für
Baumaschinen, Landmaschinen, Stapler und Achsen für Nkw, Fahrwerkmodule für Nkw,
Achsantriebe für Pkw und Prüfsysteme. Hier werden die Werke I (Passau-Grubweg) und
II (Passau-Patriching) sowie das Werk in Thyrnau betrieben. ZF Passau ist als Systemlie-
ferant Technologieführer in den Bereichen Achsen sowie Getriebe. Die Entstehungsge-
schichte von ZF in Passau reicht in die 40-er Jahre des vorigen Jahrhunderts zurück. In
Friedrichshafen wurde zu dieser Zeit ein Siebengang-Allklauen-Getriebe für den Panzer
„Panther" in Serie gefertigt. Das oberste Heereskommando verlangte von ZF diese Produktion auszuweiten. Die Wahl des Standorts fiel auf die kleine Randgemeinde Grubweg
in der Nähe der Stadt Passau, weil sie abseits der durch Luftangriffe gefährdeten Indus-
triezentren und Verkehrsknotenpunkte gelegen war.

Mit dem Kriegsende war dann der „Waldwerke Passau GmbH" die Geschäftsgrundlage
entzogen. Am 12. August 1946 wurde die „Zahnradfabrik Passau GmbH" gegründet.
Der Name Zahnradfabrik ist für das Produktionsprogramm des Unternehmens allerdings
nicht ganz treffend. Es war von Anfang an auf den Bau von Getrieben, Triebwerken und
Achsen ausgelegt und nicht auf eine reine Zahnradfertigung. Das Zahnrad ist allerdings
das wichtigste und technisch anspruchsvollste Element in den gefertigten Produkten.
Die Bezeichnung „Getriebe und Achsenfabrik" wäre eigentlich nahe liegender gewesen.
Der Name „Zahnradfabrik Passau" entstand in Anlehnung an die Bezeichnung der
Muttergesellschaft. Anfang der 50-er Jahre liefen zunächst Schleppergetriebe vom
Fließband.

Die ZF in Passau ist schon seit jeher als eine der bedeutenden Topadressen führend in
der Ausbildung von Lehrlingen gewesen. Seit 1949 wird hier ununterbrochen jedes Jahr
der Nachwuchs ausgebildet. Jährlich gehen in der Personalabteilung mehr als 500 Be-
werbungen um eine kaufmännische oder handwerkliche Lehrstelle ein. 70 Lehrlinge
durchlaufen Jahr für Jahr die Produktionshallen und Büros und lernen alle Bereiche des
Unternehmens kennen. Auch Auslandseinsätze an anderen ZF Standorten in den europäischen Nachbarländern und den USA gehören dazu.

Z

Zentraler Omnibusbahnhof

Ziel der Planung für den Zentralen Omnibusbahnhof war es, einen ZOB zu schaffen, der ein freundlicher Ort der Begegnung und des Aufenthalts ist. Der ZOB ist seit 2007 in Betrieb und die Aufgabe als Ort der Begegnung erfüllt er manchmal mehr als seinen Machern lieb ist: Pöbelnde Jugendliche und Schlägereien verursachen negative Schlagzeilen. Das futuristische Design polarisiert – „unförmiges Ufo" sagen die einen, aufwertendes Element am Eingang zur „Neuen Mitte" die anderen. Eine möglichst filigrane Dachflächenkonstruktion (1.000 qm) mit möglichst wenigen Stützen soll das Dach schwebend erscheinen lassen. Durch den Bau des ZOB wurde nicht nur der Betriebsablauf vereinfacht, durch einen barrierefreien Zugang zu den Bussen gibt es auch mehr Komfort für die Fahrgäste. Zusätzlich zur Anzeige, wo und wann welche Busse ankommen bzw. abfahren, besteht auf jedem Bussteig die Möglichkeit der Sprachausgabe der Fahrgastinformationen für Blinde und Sehbehinderte. Je Bussteig ist eine Einheit mit behindertengerechtem Anforderungsknopf installiert, an der die Sprachausgabe abgerufen werden kann. Täglich fahren knapp 70 Linienbusse im 15-, 30- bzw. 60-Minutentakt den ZOB an. Insgesamt sind es täglich ca. 790 Busse.

Moderne Architektur in der Neuen Mitte: der Zentrale Omnibusbahnhof.